Historia, filosofía y Providencia:

Comentario al libro de Tobías

JACOBO NEGUERUELA AVELLÀ

Historia, filosofía y Providencia:

Comentario al libro de Tobías

GRANADA, 2025

Imagen de portada:
Relieves del Palacio de Asurnasirpal II

Maquetación:
Natalia Arnedo Rodríguez

© Jacobo Negueruela Avellà

© Editorial Comares, 2025
Polígono Juncaril
C/ Baza, parcela 208
18220 Albolote (Granada)
Tlf.: 958 465 382
www.comares.com • E-mail: libreriacomares@comares.com
facebook.com/Comares • twitter.com/comareseditor • instagram.com/editorialcomares

ISBN: 978-84-1369-959-2 • Depósito legal: Gr. 787/2025

Impresión y encuadernación: COMARES

A mi padre,
que me enseñó a amar la religión,
el estudio y el mundo antiguo.

SUMARIO

AGRADECIMIENTOS

QUIERO AGRADECER A LA UNIVERSIDAD CARDENAL HERERA-CEU, mi universidad, todo el apoyo y las facilidades que me ha prestado para poder realizar este trabajo y en especial a las profesoras Elisa Minguet, Sara González y Feliciana Merino cuya asistencia al segundo seminario bíblico CEU fue esencial para animarme a escribir estas líneas. A todas ellas, con admiración, Jacobo Negueruela.

INTRODUCCIÓN
¿Por qué escribir un comentario al libro de Tobías?

LA PRIMERA VEZ QUE COMENTAMOS A UN COLEGA que estábamos escribiendo un comentario al libro de Tobías, nos miró con sorpresa y nos preguntó, ¿por qué precisamente a ese libro? Ciertamente la pregunta no es baladí. De los cientos o miles de comentarios que se han escrito en la historia a libros de la Biblia, no son muchos los que se han dedicado a la historia de Tobit y su hijo Tobías. Hay libros que, por su importancia teológica, por su extensión, por su apreciación eclesiástica, etc. han ocupado los primeros puestos en cuanto a comentarios se refiere. Los Salmos, el Génesis, el Éxodo, los Libros de los Reyes, el Cantar de los cantares, el libro de Job... son libros que se han comentado, reflexionado, pensado y orado una y otra vez desde la Antigüedad. Igualmente, introduciéndonos en el ámbito del N. Testamento, los Evangelios o las cartas paulinas se han comentado muchísimas más veces que este humilde y casi olvidado libro de Tobías.

Los deuterocanónicos

A pesar de que los judíos postcristianos, reunidos en Yammia[1], si es que en realidad tuvo lugar tal escuela y reunión, o simplemente el rabinato poscristiano no aceptó en su canon el libro de Tobías (y los protestantes tampoco puesto que siguen en canon judío o canon corto), lo cierto es que ni unos ni otros, a pesar de no reconocerle la inspiración

---

[1]   Supuesta reunión ciertos los rabinos tras la debacle del estado y de la fe religiosa de Israel en la guerra del 66-73 contra Roma que inició un nuevo judaísmo sin templo, sin sacrificio, sin expiación y sin sacerdocio, centrado en los textos, tanto la Biblia (A. Testamento) como la compilación de leyes de la tradición oral (la Mishná) y los comentarios a la misma (Guemará). De hecho, se ha dicho muchas veces que el Israel que surgió entonces, más que el pueblo de la Biblia es el pueblo del Talmud. El primer talmud, de Jerusalén o Palestina, fue terminado de compilar hacia el año 400 d.C. mientras que el más extenso –de Babilonia– lo sería hacia el año 600 aprox. Posteriormente se seguiría puliendo. Véase César Vidal: *El talmud*. Alianza editorial. Madrid, 2019. Aquí podemos consultar ambos en línea: https://www.sefaria.org/texts/Talmud
Uno de los grandes libros para acercarse a la historia de los judíos, y que sea abarcable para un lector medio por su extensión, sigue siendo la *Historia de los judíos* del gran historiador británico Paul Johnson. Ed. B.S.A. 2006.

divina, han querido postergarlo del todo en sus tradiciones, puesto que le reconocen un importante valor moral y religioso.

El libro de Tobías pues, es un libro que pertenece a aquellos que se han dado en llamar deuterocanónicos (segundo canon, en griego) aunque curiosamente el canon deuterocanónico, que incluye también a los libros de Judit, Sabiduría, Eclesiástico, los dos libros de los Macabeos, el libro de Baruc, la carta de Jeremías[2], y las partes en griego de los libros de Daniel y de Esther[3] ha sido, históricamente hablando, previo al canon judío actual, más breve, más tardío y elaborado (esto es fundamental recordarlo) en polémica con las pretensiones cristianas[4].

Niveles de «inspiración»

Por tanto, en el lenguaje de los que no aceptan el libro de Tobías como inspirado, tendríamos que existen los libros sagrados, que son aquellos en los que se reconoce la inspiración de Dios, y los libros apócrifos, libros religiosos de buena doctrina que, aunque no contengan como tal la palabra de Dios dirigida a un profeta o escritor sagrado —hagiógrafo—, hablan con verdad de la sana doctrina y presentan la auténtica religión (sería el equivalente en la tradición católica a un libro escrito por un santo o doctor de la Iglesia, en plena conformidad con la fe, pero que no es palabra de Dios, por ejemplo, una

---

[2]   El capítulo 6.º del libro de Baruc.

[3]   E incluso más en el canon ortodoxo: La oración de Manasés, 3 y 4 de Esdras (en las iglesias eslavas), 3 y 4 de Macabeos, el Salmo 151 y los salmos de Salomón (no confundir con las odas de Salomón). La Iglesia ortodoxa etíope, por su parte, les añade los siguientes: El libro de Enoch, el Libro de los jubileos, Apocalipsis de Esdras y el libro de Joseph ben Gurion. Para el Nuevo Testamento, además de los que reconocen católicos y ortodoxos, les añaden *Sirate Tsion (el libro del orden) Tizaz (el libro de Heraldo) Gitsew, Abtilis, la primera epístola de Clemente y La Didascalia apostolorum.*

[4]   Recordemos que en las discusiones judías sobre qué libros debían permanecer en el canon y cuales no, no se discutía tanto qué libros había que introducir, y por tanto si, por ejemplo, en el caso que nos ocupa, Tobías tenía que aceptarse dentro del canon, sino cuales había que sacar del canon, ya que anteriormente todos estos libros se habían aceptado como canónicos o al menos religiosos. El criterio fundamental fue que estos libros estuvieran escritos en hebreo y que no contradijeran la ley de Moisés, cerrándose así a todo progreso posible de la Revelación salvo el que ya se había reconocido en la obra de los profetas o los salmos, que no se atrevieron a tocar entre otras cosas porque configuraban el judaísmo farisaico de los rabinos, que son los que hicieron el canon definitivo para Israel. En realidad, que el canon era aún muy fluctuante en algunos libros en pleno siglo I de nuestra era se ve en que S. Pablo cita como Escritura textos que no están en nuestras actuales Biblias, y que no extrañaría nada que pertenecieran a versiones de la Septuaginta, de los *targumin* o de algún, posteriormente considerado, apócrifo. Por otro lado, sabemos que la carta canónica de Judas cita dos textos que no son canónicos como El libro de Enoch (1 Enoch 1, 19) y la asunción de Moisés. Que este canon se hizo en medio de un tremendo clima de xenofobia anticristiana o anticristianismo judío puede verse en las famosas 18 bendiciones que se redactaron en Yamia (a veces se la llama la 19 o 18b) *Shemoné esré* en hebreo, en la que se maldice a los colaboracionistas con Roma y a los herejes. Se ha entendido siempre que tales herejes eran los cristianos, aunque recientemente se está empezando a poner en duda tal opinión.

obra de san Agustín o santa Teresa). El libro de Tobías, para aquellos que no lo aceptan como inspirado por Dios –que no mancha las manos como dice la expresión hebrea– sería un libro de esta segunda categoría, un libro que habla de la religión verdadera, que no ofende ninguna de las verdades de fe, que explica cómo vivir piadosamente, pero que no es Palabra de Dios, no le fue inspirado, al menos directamente, al autor por el Verbo Divino[5].

En un tercer nivel estarían los textos pseudoepigráficos que son textos frecuentemente heréticos, que quieren hacerse pasar por libros inspirados o de sana doctrina, cuando no son sino invenciones de teorías, historias, etc. Este tercer nivel de libros, a diferencia de los dos anteriores, sería rechazable, aunque a veces han llegado a calar tanto entre la comunidad religiosa que algunas de sus ideas o imágenes perduran en el arte, refranes, etc[6].

Con todo, conviene saber que esta nomenclatura no es utilizada con rigor por todo el mundo, por ejemplo, los evangelios apócrifos de la infancia de Jesús son, en muchas cosas, en realidad pseudoepigráficos; libros confundidos sobre Cristo y su mesianismo que defienden ideas enormemente equivocadas, distantes de las de la revelación cristiana y, en cambio, se los llama apócrifos. Por el contrario, al libro de Tobías un protestante lo llamaría apócrifo cuando no querría decir, si es un hombre culto, que contradice la dotrina ortodoxa hebrea.

Por todo ello, y para acabar de responder a la pregunta con la que abríamos esta sección ¿por qué hacer un comentario al libro de Tobías, un libro breve, aparentemente de poca importancia e incluso rechazado como no canónico por algunas tradiciones? La respuesta es sencilla: en verdad este libro contiene grandes tesoros morales y religiosos, expresados en un lenguaje cercano y accesible, que permite entenderlos y vivirlos de una manera más directa que los grandes textos consagrados, como el Génesis, los Salmos o el Apocalipsis. Esperamos poder mostrar, a lo largo de nuestro trabajo, esta belleza e importancia del libro de Tobías e, igualmente, a pesar de lo que a veces se ha dicho, cómo su influencia en el Nuevo Testamento y su respeto riguroso a la revelación del Antiguo, son mucho mayores de lo que comúnmente se cree.

[5]   Para esta cuestión de la inspiración, en versión católica eso sí, puede verse el hermoso libro de A.M. Artola y J.M. Sánchez Caro, *Biblia y palabra de Dios*. Ed. Verbo Divino, 1989.

[6]   V.g., nos nombres de los padres de la Virgen, Ana y Joaquín, se conocen por el apócrifo *protoevangelio de Santiago*. Como vemos las diferencias entre apócrifos y pseudoepigráficos no siempre están claras y algunos consideran apócrifos los que habría que considerar pseudoepigráficos y viceversa. Como introducción a esta cuestión véase Antonio Piñero, *Apócrifos del Antiguo y del Nuevo Testamento*. Alianza editorial. Madrid, 2016.

CAPÍTULO 1
Cómo leer el libro de Tobías

CUANDO NOS ENFRENTAMOS A LA LECTURA DE UN LIBRO DE LA BIBLIA hemos de tener bien presente que los métodos de escritura y de lectura de la Antigüedad no eran que los nuestros. Además, el carácter de los antiguos orientales, tendentes a exagerar o al menos a ver las cosas de una manera más intensa y poética que los escritores científicos de la tradición occidental, en especial desde el siglo XVIII en adelante, hace que su valoración de los hechos sea más poderosa en palabras que las nuestras. Es por ello, entre otros motivos, que se necesita hacer una hermenéutica del texto bíblico, es decir, tratar de buscar el sentido, el significado, la referencia y la intención de un escrito.

En el caso del libro de Tobías no hay mucho acuerdo entre los especialistas sobre su valor e importancia (e incluso sobre dónde colocarlo, si entre los libros proféticos, los poéticos, los sapienciales o los históricos[1]). Algunos, como ya vimos, simplemente lo sacan del canon y se evitan el problema. Otros lo adjuntan a una literatura, que vendría marcada por los libros de Judith, Esther, partes de Daniel, Proverbios, partes del libro de la Sabiduría, tal vez partes incluso de Macabeos, el libro de Jonás, etc. como una literatura ejemplarizante, moralizante, cuya pretensión es mostrar –no hechos reales– sino cómo la Providencia divina rige la historia, tanto de los pueblos como de los individuos[2]. Nosotros lo vamos a incluir dentro del género de historias sapienciales pero con un trasfondo histórico.

La sabiduría se puede transmitir o bien mediante una máxima del tipo «a quien madruga Dios ayuda», como en tantas tradiciones humanas, o bien mediante una historia (por ejemplo, las famosas fábulas de Esopo), y todas las culturas han utilizado ambas fórmulas.

---

[1] Querría decir que esta cuestión depende de la confesión a la que se adscribe el especialista, pero tras en concilio Vaticano II y la inundación de los métodos histórico-críticos en la Iglesia católica, tampoco quedan ya muchos autores católicos que defiendan, o sacerdotes que recomienden, este libro. En algunas Biblias este libro aparece como histórico, mientras que para otras es sapiencial y hasta poético, bien se ve que no hay mucho consenso al respecto.

[2] ¿Pero qué libro de la Biblia no pretende eso? ¿Y por qué se acepta acríticamente el que porque un escrito tenga una tal intención no puede tener una base histórica? La intención se reconoce después del hecho...

¿Qué entendemos por una historia sapiencial? En primer lugar, una historia de componente real, de ahí lo de historia, no es un simple cuento o un mito, que a los ojos de la fe explícita, muestra, la acción providencial de Dios sobre el mundo. Pero como el hombre, de manera natural, no tiene los ojos abiertos a la fe y a la acción de Dios, sino que lee las cosas en coordenadas e intereses humanos sobre los acontecimientos menudos de la historia personal, los textos sagrados, como los sacerdotes, han de esforzarse en explicar la presencia de Dios en los mismos: la firme pero invisible mano de Dios en la historia. Es por ello que estos textos contienen un altísimo componente didáctico, sapiencial, en los que el autor muestra tal acción de Dios y la explica en lo posible, nos entrega la historia real y la reflexión teológica sobre la misma. Como la erudición bíblica es de matriz protestante, que sabemos que defienden que no es necesaria la realidad de un acontecimiento para que sea teológicamente relevante (recuérdese la posición a este respecto del gran exegeta Bultmann sobre los propios Evangelios e incluso Jesús) cuando encuentran la reflexión teológica, que es lo que les interesa, ya no necesitan la historia real. Si está y se puede llegar bien, pero no es esencial. Aunque justificar esto nos llevaría muy lejos, conviene saber que es una herencia de la epistemología nominalista y del fideísmo del propio Lutero. La posición católica es la contraria, la fe tiene que tener un sustrato histórico o no sería sino un engaño. En realidad, aquí hay cuestiones filosóficas profundas enfrentadas sobre la visión del mundo en una perspectiva realista (aristotélico-tomista) por parte de los católicos o simbólica (escéptico-nominalista) por parte de los protestantes[3].

Volviendo al tema de la literatura sapiencial, no hubo que esperar al contacto que los judíos tuvieron con los griegos, sobre todo a partir del siglo III a.C., para que el género y la reflexión sapiencial se introdujeran en su cultura, como inexplicablemente afirman algunos autores, sino que éste tipo de literatura había sido practicado ya en Oriente desde la más remota antigüedad (piénsese en el propio poema de Gilgamesh, donde hay partes claramente sapienciales, o en los libros egipcios *Máximas de Ptahhotep*[4] e *Instrucciones de Amenemope*, tan parecido por otro lado al *Libro de los Proverbios*) y por tanto no depende de la sabiduría helenística, sino que se remonta a tiempos muy anteriores a ella[5].

Como recordábamos hace un momento, dentro del género sapiencial podemos decir que hay dos subgéneros: uno es el de las máximas, aforismos que explicitan verdades de fe o morales de una manera sencilla y contundente, fácilmente recordables, y que son verdaderos compendios de vida, por ejemplo:

---

[3]   Sobre estas cuestiones filosóficas las obras son casi infinitas pero las historias de la filosofía Hirschberger (vol.1) y la Frederick Copleston (vol. 2) tratan ampliamente esta cuestión.

[4]   *Cf.* Federico Lara Peinado: *Poema de Gilgamesh*. Tecnos, 2005. En cuanto a los textos egipcios, aquí pueden consultarse traducidos al español http://www.egiptomania.com/literatura/ptahhotep.htm

[5]   Resulta muy recomendable, para quien precise de un primer acercamiento a la Biblia y su contexto histórico, la obra de los profesores I. Carbajosa, J. González Echegaray y F. Varo: *La Biblia en su entorno*. Ed. Verbo Divino, 2013.

Mejor es una fanega que da Dios
que cinco mil con injusticia.
De La instrucción de Amenemope, VI[6]. O
No vayas con el iracundo,
Ni te acompañes con el hombre de enojos,
No sea que aprendas sus maneras,
Y tomes lazo para tu alma.
Del Libro de los Proverbios, 22, 24-25

El libro de Tobías no es un libro de este tipo. Estos libros de máximas fueron extraor-dinariamente valorados en la Antigüedad (pensemos en las máximas de Epicteto, de Marco Aurelio o las que el propio Hesíodo en *Los trabajos y los días* da a su hermano Perses[7]) así como la fama de sabios que tenían los ancianos de Moab, Edom y Ammon y que han llegado incluso a la gran cantidad de proverbios árabes[8], que recogen, proba-blemente, parte de aquellas tradiciones.

El otro subgénero era el de las historias edificantes. También desde antiguo, como hemos dicho, se conocían estas historias. La propia historia de Salomón y la reina de Saba puede ser una obra de este tipo y, en parte, la historia de José. Sabemos además que entre los métodos de exégesis que los antiguos hebreos crearon para compren-der las Escrituras (*midrash*) estas historias edificantes tenían un papel importante. El midrash se subdivide en tres formas básicas de interpretación del texto, la *halacá (o halajá)*, que es la interpretación legal, normativa: qué se tiene que hacer o qué no se puede hacer[9], la *haggadah*, que es la interpretación simbólica, alegórica[10], y el *pesher*, que es la interpretación ligada a las profecías sobre el Mesías y el gobierno de Dios de la historia[11]. En realidad, estas son las interpretaciones a las que se le añade el sentido literal, que la Iglesia católica defendió siempre, en especial hasta el concilio Vaticano II, porque la había aprendidos de los sabios hebreos[12]. De hecho, los cristianos creen que la Biblia hay que interpretarla en sentido literal[2], en sentido alegórico, el sentido moral y en el sentido escatológico. Es decir, en sentido histórico, literal, en sentido

---

[6]   Aquí pueden leerse traducidas al inglés, http://www.maat.sofiatopia.org/amen_em_apt.htm

[7]   Marco Aurelio: *Meditaciones*. Alianza editorial, Madrid, 2023; Epicteto: *Manual*. Gredos, Madrid, 2021; Hesíodo: *Los trabajos y los días*. Gredos, Madrid, 2008.

[8]   Resultaría interesante compararlos con los hadices de la *Sunna* porque no sería raro en-contrar, entre los atribuidos a Mahoma o los primeros califas, refranes de este tipo.

[9]   Normalmente en forma de ley como las que se encuentran en la Misná.

[10]   Normalmente en forma de relato, como en el Génesis.

[11]   Normalmente en forma de visión, sueño, profecía, augurio, etc.

[12]   Recordemos que todos los primeros cristianos, con excepción de Cornelio y su familia, eran judíos de raza y cultura (si bien eso no niega que también tuvieran influencias helenísticas, si-ríacas, etc.). Recordemos también la importancia que el gran erudito cristiano san Jerónimo (340-420 d.C.) le dio siempre a la *hebraica veritas* (véanse los prólogos a los distintos libros de la Vulgata de S. Jerónimo). *Biblia sacra Iuxta Vulgatam Versionem*. Ed. Deutsche Bibelgesellschaft, 1990.

moral (qué significado tiene esto en el plano legal, en sentido alegórico, que sobre todo se centró en la forma tipológica (las cosas del Antiguo Testamento, al menos algunas de ellas, son tipos de la figura que es Cristo y se iba a revelar en la plenitud de los tiempos, o tipos de la Iglesia, etc.) y el sentido escatológico o anagógico, que nos informa sobre los eventos que han de venir[13]. Si bien hay que saber y tener en cuenta que los sentidos de un texto no son exactamente lo mismo que los géneros literarios, y que una obra de profecía futura –como el Apocalipsis– puede ser leída a su vez fijándose en cualquiera de estas 4 formas.

En el caso del libro de Tobías, pues, estamos delante de una obra del género sapiencial, del subgénero de historias edificantes, que nos muestra cómo Dios dirige la historia y protege la vida de los que le son fieles. En esta tradición el libro esencial, la crítica más dura a esta tradición misma y también su profundización mayor, es el misterioso libro de Job.

Ahora bien: ¿cuál es la relación entre este género literario y la verdad histórica? Dicho de otro modo, ¿los textos de este tipo son sólo ficciones literarias que quieren transmitir un mensaje filosófico o teológico, como los ejemplos que pone Platón sobre el anillo de Giges o los hombres que viven en la caverna, o están basados en realidades históricas? Es más, ¿podemos decir simplemente que están basados en realidades históricas pero adornadas por el hagiógrafo u ocurrieron realmente los hechos que narran? En el caso de que ocurrieran ¿lo que nos describen fueron realidades materiales perceptibles tal y como nos las cuentan, o son imágenes para hablarnos de lo que en realidad ocurría en un sentido espiritual y místico pero que los sentidos humanos no eran capaces de percibir? Por ejemplo, cuando en el Apocalipsis se nos dice que surgirá una bestia del mar con 10 cuernos y 7 cabezas, ¿quiere decir realmente que habrá un monstruo así, con tal forma, una especie de hidra, o quiere decir que habrá un mal que surgirá del mar (es decir, del caos, de las aguas de la muerte) con 10 cuernos, (a saber, 10 reinos o poderes) y 7 cabezas, que es el número de la plenitud, de lo completo (en este caso del mal) maldiciendo a Dios? No hay duda de que san Juan está convencido de que vendrá un mal, lleno de poder mundano (que es lo que representan los cuernos, como en las profecías de Daniel[3]) con la plenitud de los que maldicen a Dios, que tendrá su origen en el mal antiguo, el *Leviatán* probablemente, y que pretenderá acabar con los elegidos de Dios, pero cuál sea la forma física de ese monstruo no es lo que está describiendo san Juan, si algo hemos aprendido de exégesis bíblica en estos últimos milenios.

Es verdad, sin duda, que hay que ser cuidadoso con la descodificación del método alegórico[14], que evidentemente están usando los escritores y escritos bíblicos en muchas

---

[13]   Un resumen sencillo, pero muy útil, aquí: https://nihilobstat.dominicos.org/articulos/los-cuatro-sentidos-de-la-escritura/#:~:text=Finalmente%2C%20el%20sentido%20anagógico%3A%20se,total%20de%20todas%20sus%20aspiraciones.

[14]   Parece claro que ciertos autores como Filón de Alejandría entre los judíos, Evémero entre los griegos u Orígenes entre los cristianos, exageraron este método hasta hacerle decir a los textos

ocasiones, porque si lo exageramos todo podría llegar a ser alegórico o simbólico, por ejemplo, el propio Satanás o por qué no, Dios mismo[15]. El problema es que pocas veces, muy pocas veces, el texto bíblico nos dice explícitamente que está tratándose de una alegoría o nos da las claves para desentrañarlo[16].

Como decimos no siempre es fácil saber si el autor pretendía que interpretásemos un texto en sentido literal (porque estaba convencido de que tal episodio había ocurrido) o además en sentido moral (no excluyente con el anterior) o en sentido tipológico respecto del mesías o el futuro de Israel/la Iglesia, o en sentido metafórico, del que sacar una enseñanza sobre lo que quiere Dios (una historia moralizante no falsa en su sentido, pero cuya forma concreta no pasó nunca). Un ejemplo claro de esta problemática es el libro del profeta Jonás que todas las confesiones cristianas –y los judíos– aceptan como canónico y por tanto inspirado por Dios. La cuestión es, ¿existió Jonás verdaderamente? ¿Fue a predicar la conversión a Nínive? ¿Nínive se convirtió y por eso no fue destruida en aquella ocasión? ¿Fue Jonás tragado por una ballena y regurgitado al tercer día? Jesús cita este pasaje de Jonás en sentido tipológico con él (Mt 12, 39-40: «...*esta generación malvada y pecadora pide una señal, pero no se le dará más que la señal de Jonás. Pues, así como Jonás estuvo tres días y tres noches dentro del gran pez, así también el Hijo del hombre estará tres días y tres noches dentro de la tierra*»), pero esto tampoco resuelve la cuestión, desde el punto de vista histórico, de si realmente existió Jonás o no y si lo que cuenta el libro homónimo sobre él fue tal y como lo cuenta.

Respecto del libro de Tobías nos pasa lo mismo. Muchos piensan que, al ser un libro de género sapiencial, no hay que buscar que sus hechos hayan ocurrido realmente. Digamos que es una «novela», una obra literaria que lo que quiere significar es que Dios protege a los que les son fieles, cosa de la que está convencido el autor. Algo así como el relato sacerdotal de los primeros capítulos del Génesis en los que Dios crea el universo y la Tierra, los animales y las plantas. No hay que buscar en ese relato una información

---

cosas que nos parecen enormemente arbitrarias, y que no se deducen con ninguna evidencia de las palabras de los mismos. Interpretaciones excesivamente rebuscadas para salvar intereses ideológicos, probablemente.

[15] Hasta donde sabemos nadie se ha planteado que Dios sea una alegoría en la Biblia, pero sí que por Satanás no hay que entender un ser real, sino la presencia del mal que hacen los hombres. Sería pues una metáfora de ese mal, una personificación, de manera no muy diferente a como Feuerbach pensaba que Dios no es sino una proyección de los deseos humanos. Dios podría ser entonces simplemente una manera de llamar al bien. Vemos, por tanto, las dificultades de las alegorías y los simbolismos y la necesidad de un criterio de validación, como por ejemplo, la autoridad.

[16] Como en el caso del comienzo del evangelio de Mateo en el que se nos dice que las generaciones de Abrahán a Moisés fueron 14, de Moisés a David otras 14 y de David a Jesús, 14 más. Es decir, tres veces 14 que es el valor gemátrico del nombre de David. Y del mismo modo que en la Biblia al afirmar algo tres veces seguidas se habla de su plenitud (por ejemplo: el Santo, Santo, Santo referido a Dios) decir que Jesús vale tres veces 14 es decir tres veces el número de David, el rey, el ungido del Señor. Lo cual quiere decir que Jesús es el todo ungido, el todo rey, el pleno David, el Mesías (el Cristo, ungido, definitivo, completo).

sobre cómo fue la creación, sino simplemente la confesión de fe del autor inspirado por Dios, con el lenguaje-cosmología de su época, de que Dios creó el mundo. Bien, tal vez esta sea la manera correcta de interpretar las cosas y, ciertamente, es la más predominante dentro de la corriente liberal ilustrada, pero debemos ir con cuidado con este sistema de interpretación si no queremos perder al niño con el agua sucia, ya que todo en la Biblia (o casi todo, excluyendo algunas partes claramente históricas refrendadas por la arqueología y otros textos extrabíblicos) sería susceptible de ser interpretado así[17]. Además, tampoco este sistema de interpretación (las cosas no ocurrieron, son narraciones edificantes creadas para ilustrar que Dios cuida de los suyos o cualquier otra cosa) nos aclara todos los problemas, por ejemplo, los famosos *nephilim* seres engendrados por los hijos de Dios en las hijas de los hombres, ¿cómo hay que interpretarlos? Asumamos que son una invención literaria del hagiógrafo, ¿pero para narrar qué verdad teológica? ¿Que los hijos de Dios (los ángeles caídos) engendraron gigantes con las humanas en la Antigüedad, los cuales hicieron grandes obras? No se ve fácilmente el sentido teológico de todo esto. Quizás el tipológico es más sencillo: esta vez el hijo de Dios, concebido no por lujuria sino por Misericordia, en los últimos tiempos que se acaban de inaugurar con su encarnación, engendrará una nueva raza de seres superiores a los hombres en su divinización por la caridad radicada en su sacrificio... pero aun así es difícil de saber y fácil caer en lo arbitrario.

Personalmente no vemos ninguna dificultad en que el grueso de la historia de Tobías haya sido real. Que haya habido un hombre al que la vida se le haya torcido en un momento y haya mandado a su hijo a recoger un depósito que hiciera años antes, el cual conformará su herencia, y que en ese viaje a la tierra de sus familiares se enamorara de la hija de un pariente es perfectamente posible. Es más, diríamos que es hasta frecuente ese tipo de cosas en la vida real. Que, para la fe del creyente, Dios haya hecho que todo sea para bien y haya acompañado la vida de todos los personajes de la historia en su recorrido pues también es del todo lógico[18]. Las dificultades para la mentalidad

---

[17] Por ejemplo, la historia de Ruth, la de Judith y Holofernes, la de la reina Esther, la de Abrahán e Isaac, la del sueño de Jacob que le llevó a elevar una estela en Betel, su pelea con el ángel, etc.

[18] Igualmente, con esto hay que tener un cierto cuidado: si pensamos que las historias bíblicas son expresión de la fe de Israel y creadas para expresarla, nos damos cuenta en seguida que entonces nos faltan las historias que crearon esa fe. Es posible que la fe fuera entonces tan sólo la reflexión «teológica» de los sabios y profetas de Israel, que inventaron historias para explicitarla, pero como fundamento de la fe parece un poco pobre. Esta vuelve a ser la postura de muchos protestantes (y algunos católicos) modernos en los que la teología parece ser la reflexión filosófica sobre lo sagrado, y así las especulaciones de Hegel sobre el Espíritu Absoluto serían teología. Para los católicos, como muy bien ha explicado el Papa Benedicto XVI, la teología supone no especular sobre lo sagrado, no un esfuerzo creativo de la razón humana sino el servicio a lo revelado por Dios, tratando siempre de explicarlo, comprenderlo y enseñarlo, mejor. *Cf.* Benedicto XVI y V. Messori, *Informe sobre la fe*. B.A.C. 2015 Es decir, en la mentalidad antigua, y en la católica, la revelación es primero y la teología es el esfuerzo por comprenderla; en la mentalidad filosófica, simbólica, dominante en la modernidad, la teología es el trabajo de la razón sobre el sentido del mundo, la noción

moderna, bien lo veremos, vienen con la presencia de lo sobrenatural, ángeles, demonios, milagros, etc.

Una última consideración sobre la credibilidad histórica, o no, del texto de Tobías, de los textos sapienciales en particular y, en general, de los bíblicos. Algunos teólogos actuales distinguen entre los dogmas de la Iglesia y las verdaderas de la fe. Esto quiere decir lo siguiente: la Iglesia está formada por seres humanos que tienen un lenguaje, un contexto cultural, unas limitaciones antropológicas (como las tenemos todos), etc. Por tanto, su capacidad para poder expresar las verdades de la religión, que Dios es uno y Trino, que Cristo es el Hijo de Dios, que en su cruz aconteció la redención del hombre, etc. está definitivamente limitada por todo ello. Esto significa que los dogmas de la Iglesia no son necesariamente las verdades religiosas, como nos habían enseñado siempre. Los dogmas son las formulación histórico-teológica-lingüísticamente limitadas de las verdaderas de la religión que, aunque reveladas, no «caben» en el molde humano. Lo infinito no cabe en lo finito. De modo que, aunque el dogma diga que María es madre de Dios, nosotros no podemos agotar el sentido de ello, comprenderlo verdaderamente. El dogma apunta a una verdad religiosa que está más allá de él, como está más allá de nosotros. Esta idea que, hasta donde sabemos la introdujo Hegel en la filosofía preguntándose cómo el Absoluto podía darse en la historia, fue llevada por K. Rahner a la teología católica del Vaticano II. Esto, que puede tener parte de verdad y que apunta a la vía negativa teológica para el conocimiento de Dios, puede malinterpretarse diciendo que los dogmas no son las verdades religiosas, y que, por tanto, en tanto la humanidad va creciendo en comprensión intelectual y moral con el acontecer de la historia, hay que ir actualizando los dogmas por nuestra superior comprensión de las verdades religiosas y humanas a las que apuntan.

Como se ve esto es algo complicado y que puede hacer descabalgar la propia Iglesia, al menos tal y como la hemos entendido hasta ahora. Pongamos por caso que se llega a un consenso teológico de que la expresión Hijo de Dios, aplicada a Jesús, no se refiere a una filiación «ontogenética» (Dios Hijo) sino moral, abierta a todo el que le dice un sí pleno a Dios, sin necesidad de mediar cambio ontológico alguno, sino simple disposición moral. Entonces estaríamos delante de la situación de que los santos fueron semejantes, en todo, a Cristo y que la fuente de su santidad fue no la recepción de los méritos salvíficos de Cristo entregados por el Espíritu Santo y su acción en las almas, que es una cosa muy primitiva y casi mágica, sino simplemente su entrega[19]. Esto cambiaría radicalmente la

---

de Absoluto, la posibilidad de la existencia de Dios o la supervivencia *postmortem* y sus formas. Por tanto, podemos rechazar el relato que se nos cuenta para quedarnos con lo que consideramos que es el mensaje, hacia esto ha evolucionado el protestantismo y el catolicismo liberal o modernista.

[19] Esta es la posición hasta donde la entendemos, por ejemplo, de uno de los discípulos de A. Piñero, Eugenio Gómez Segura, en su libro *Pablo de Tarso el segundo hijo de Dios*. Ed. Oberon, 2006. En cambio, en la Biblia se dan los dos sentidos: Cristo es el hijo de Dios de un modo singular, ontológico, distinto a todos los demás y desde toda la Eternidad, pero por la gracia del Espíritu Santo se nos capacita para ser otros Cristos, otros hijos de Dios, por adopción.

teología, la dogmática y lo que ha sido la Iglesia durante dos milenios. Del mismo modo la frase de Cristo «*En verdad, en verdad os digo: si no coméis la carne del Hijo del hombre, y no bebéis su sangre, no tenéis vida en vosotros*» (Jn 6, 53) no tendría nada que ver con la comprensión «mágica» que tiene el catolicismo del catolicismo de la Eucaristía, sino que podría ser entendida como que quien no comparte hasta la identidad de vida el camino de Cristo no será resucitado por Dios o, incluso, no tiene el tipo de vida que tiene Dios, que es compartir la suerte de los hombres al haber bajado del Cielo. Esta es parte de la interpretación que hacen muchos calvinistas y otros protestantes que no creen en la presencia real.

Ha sido necesario narrar todo esto porque desde los años 50-60 en la teología católica y desde el siglo XIX en la protestante, pero sobre todo en torno a la obra de Rudolf Bultmann y su proyecto de desmitologización del cristianismo, que tanto ha influido y sigue influyendo en los seminarios católicos, este tipo de exégesis han sido —y son— moneda común, y quién sabe si llegarán a ser las dominantes. Normalmente los autores que estas cosas escriben no dicen que niegan las verdades de la fe, sino que las comprenden a un mejor nivel, ilustrado, a la altura de nuestros tiempos, moderno. Cuando hablemos de ángeles y demonios, como los que aparecen en la obra que nos ocupa, tendremos que hacer referencia, otra vez, a estas cuestiones.

CAPÍTULO 2
¿Tobías o Tobit?

A UNQUE A NUESTRO JUICIO ESTA CUESTIÓN NO TIENE DEMASIADA IMPORTANCIA, hay algunas personas que prefieren llamar a este libro el libro de Tobit en vez del libro de Tobías. Tobit es, en la historia, el padre de Tobías, aparece primero en la narración y tiene indudablemente su papel. Esta discusión es análoga a la que se ha introducido, un tanto artificialmente a nuestro juicio, sobre la parábola del hijo pródigo, si llamarla así o parábola del Padre misericordioso. Cuestiones más de palabras que otra cosa porque todos sabemos a qué nos estamos refiriendo. En el caso de Tobías y Tobit, la Vulgata tradujo por Tobías tanto el nombre del padre como el nombre del hijo[1], de manera que el que realmente tiene el peso teológico en la historia, que es el padre –Tobit– parecería quedar en un segundo plano al titular el libro como Tobías, siendo así que el único que ahora es llamado de este modo es el hijo.

---

[1] *Biblia Sacra Iuxta Vulgatam Versionem.* Ed. Deutsche Bibelgesellschaft. 1990.

CAPÍTULO 3
¿Qué versión hemos usado para hacer el comentario?

A LA HORA DE HACER UN COMENTARIO LO PRIMERO QUE HAY que hacer es elegir un texto que comentar. En el caso de la Biblia, para quien como nosotros no conoce el hebreo y comentamos la obra desde su traducción al castellano, esto supone una tarea de gran importancia y más compleja de lo que pudiera parecer en un principio. Hoy día, casi todas las versiones traducen los textos bíblicos desde la versión masorética hebrea[1]. Prácticamente todas las versiones nos aseguran que han sido traducidas desde los textos originales. La gran pregunta es: ¿qué entienden los traductores por textos originales? Si por original quieren decir los más antiguos que conservamos, entonces, deberíamos estar traduciendo de la versión griega de la Biblia hebrea, llamada Septuaginta, porque es, en efecto, la versión más antigua que poseemos. Si por originales quieren decir las copias manuales que escribieron los profetas o los evangelistas, no tiene sentido, ya que esos documentos no existen desde hace milenios (como no existen los autógrafos de Platón o César). Si por originales lo que se quiere es buscar el texto hebreo que debió de estar detrás de su traducción al griego, que es la versión más antigua que tenemos recordémoslo, aquí es donde comienza el problema. Para empezar, no tenemos ninguna copia de esos paleo textos hebreos. Obviamente existieron, o no habrían podido traducirse al griego, pero a veces no nos ha quedado ni el menor de los fragmentos de ellos[2].

---

[1]   Se entiende por masora o versión masorética las versiones de la Biblia en hebreo con signos diacríticos y vocálicos que los eruditos judíos fueron desarrollando entre los siglos v y x d.C. Es verdad que no se limitaron a poner signos para leer el texto correctamente, sino que cambiaron el nombre de Dios en ciertas ocasiones, hicieron las divisiones en libros, capítulos y versículos, crearon lecturas nuevas para evitar descripciones de Dios que les parecían demasiado antropomórficas y poco piadosas, etc. De hecho, la propia tradición hebrea reconoce que se retocaron los textos. La literatura sobre la composición del texto masorético y hasta qué punto es o no fiel a los originales (concepto poco agraciado para entender la composición bíblica) es infinita y se manifiestan opiniones de lo más contradictorias entre los expertos. Aquí podemos encontrar el texto hebreo en su versión mejor que es el de la Biblia hebrea stuttgartiense: https://www.obohu.cz/bible/index.php?lang=es&styl=BHS&k=Gn&kap=1

[2]   Por ejemplo, hasta donde hemos podido investigar, y sin excluir que puedan hacerse nuevos descubrimientos, no existe ninguna copia del libro del Éxodo en hebreo anterior a la versión griega de la Septuaginta.

Otro problema, en un mundo como era el Mundo Antiguo en el que la oralidad era mucho más importante que la escritura desde todo punto de vista[3], en especial desde el punto de vista religioso, es: ¿cuántas versiones diferentes había de una misma historia? El Talmud asegura que había una copia del *Tanaj,* el Antiguo Testamento en hebreo, en el templo de Jerusalén, ¿pero esa copia se destruyó con el templo en el saqueo de Senaquerib? ¿Era anterior a la llegada de Esdras y su imposición del «nuevo judaísmo»? ¿Fue muy posterior? ¿Qué libros contenía? Otras historias talmúdicas narran que había en realidad 3 rollos de la Torá distintos y que los sabios se decidieron por el que les parecía mejor para traducirlo al griego. Del mismo modo, las propias versiones masoréticas, cuyos códices más antiguos son el códice de Alepo (s. X) y el de Leningrado (comienzos del s. XI[4]) difieren entre sí ¿qué versión seguir? Para que nos hagamos una idea, el códice Vaticano (s. IV) es una versión, prácticamente completa, de toda la Biblia en griego, tanto del Antiguo como del Nuevo Testamento, unos 600 años anterior a la masora más antigua[5] y con lecturas que en muchos casos, como ha demostrado Natalio Fernández Marcos[6] es superior a la hebrea.

En principio, en el caso del libro que nos ocupa –Tobías– la cuestión debería de ser más sencilla ya que los judíos afirman que no se había incluido en el canon porque era un libro escrito en griego y sólo los escritos en hebreo pueden ser inspirados (ya se sabe que Dios sólo habla el hebreo, como los musulmanes piensan que sólo habla el árabe del Hiyaz). Pero en las excavaciones de Qumram, el complejo de cuevas cercanas al mar Muerto en el que se han encontrado miles de fragmentos veterotestamentaros, se han hallado versiones de Tobías en hebreo que claramente no son retrotraducciones[7]. Igualmente, en Qumram, se han encontrado muchos fragmentos de la Septuaginta griega y versiones en hebreo. Entre las versiones en hebreo se pueden distinguir dos tipos, las más antiguas (que tendríamos la idea de considerar «originales») se acercan mucho más a la versión griega

---

[3]   Probablemente hasta Aristóteles (el primer autor de tratados sistemáticos) no llega la escritura a ir ganando la importancia que nosotros le adscribimos y sobre todo con la llegada de la burocracia y la ley romana. Otra capa en la ganancia de importancia de la escritura será el monacato con su copia de libros antiguos y su preocupación por los contratos escritos. Tras esto se recuperará, a partir del siglo XII con el Decretum Gratiani, el derecho romano, a lo que habrá que sumar la nueva economía burguesa y el nacimiento de la universidad. Posteriormente la invención de la imprenta... la invención de la imprenta de tipos móviles por Gutenberg hacia 1450 y posteriormente de la linotipia y la generalización del consumo de diarios y prensa escrita durante los siglos XIX y XX. Para una reflexión de lo que supuso en el mundo griego la generalización de la escritura consúltese G. Reale *Platón: en búsqueda de la sabiduría secreta.* Herder, 2009.

[4]   Aquí puede consultarse una versión *on line* https://archive.org/details/Leningrad_Codex

[5]   Aquí puede consultarse una versión *on line* https://archive.org/details/codexvaticanusno0000unse

[6]   Natalio Fernández Marcos (dir.) María Victoria Spottorno: *La Septuaginta*, 5 vols. Ed. Sígueme, 2022. No podemos dejar de ponderar y alabar la excepcional labor hecha por el profesor Fernández Marcos y su equipo de investigadores del CSIC, máxime ante su reciente fallecimiento.

[7]   En esta excepcional página web tenemos digitalizados miles de fragmentos analizados por grandes expertos: http://dss.collections.imj.org.il/es/home

de la Septuaginta que al texto masorético del que se traducen las Biblias modernas, y las más recientes, por el contrario, se van pareciendo más al texto masorético[8].

Del mismo modo, hay que saber que el texto griego, la Septuaginta, no fue una única versión, sino que con el tiempo se hicieron nuevas versiones que pretendían o un griego más elegante –a veces– u otras veces una fidelidad mayor a los textos hebreos[9]. Como cualquier paleógrafo sabe, hablar en lo que nos ha llegado de la Antigüedad, de un texto original es un error: hay que hablar de familias de documentos, de manuscritos, de interpretaciones, traducciones, escolios, etc. que van reflejando la comprensión que la comunidad que copia y estudia tiene del texto y de su significado. En la Antigüedad y en la Edad Media (en realidad fue así hasta la invención de la imprenta) los textos nunca funcionaron solos, sino dentro de las comunidades que los leían, los interpretaban, los copiaban y los enseñaban. Debemos entender esto para comprender la cultura literaria antigua: la comunidad era el contexto del texto. Hoy en día, por nuestro prejuicio bibliocéntrico, pensamos que son otros textos y eventos culturales los verdaderos contextos de un texto, y hemos olvidado que en la Antigüedad lo eran las comunidades. Son las comunidades humanas, el pueblo hebreo en el exilio, las ciudades fenicias, las clases sacerdotales de tal nomos egipcio durante el reino medio, los últimos supervivientes de los sumerioacadios ante la invasión Guti o el colegio de diáconos y presbíteros romanos en la persecución de Valeriano, los que copian, explican e interpretan los textos[10]. Es sólo cuando el lector se convierte en única instancia de juicio absoluto sobre algo, desde que la imprenta permite tener todos los textos a nuestra mano y una vez que la ilustración nos convence de este individualismo racionalista radical, que se

---

[8]   Es decir, los textos no quedaron congelados en el tiempo tras su primera redacción, sino que se fueron adaptando, mejorando, haciendo más comprensibles, limando, según pasaba el tiempo y la comprensión de los mismos. En esencia dicen lo mismo, pero lo dicen de manera «mejor». Eso sí, si queremos las versiones más antiguas, porque creemos que allí encontramos la voz de Dios más cercana, entonces los textos griegos son, como decía el profesor Fernández Marcos al que citábamos hace un momento, muchas veces, más originales que los hebreos.

[9]   Recuérdese las *Hexaplas* de Orígenes, que contenían 4 versiones griegas (Aquila de Sinope, Símaco el ebionita, la Septuaginta y la de Teodoción de Efeso). Más la versión en hebreo y una transliteración en letras griegas del texto en hebreo. Aquí pude consultarse una edición de la misma con todos los fragmentos que se conocían hacia finales del siglo XIX. https://archive.org/details/origenhexapla01unknuoft/page/370/mode/2up . El Hexapla Insitute del seminario de Phoenix está preparando una nueva versión con todo lo que se conoce en la actualidad. https://textandcanon.org/es/estudios/hexapla-institute/

[10]   Esto no pasa sólo en Occidente, ocurre del mismo modo en Oriente. Véase Mircea Eliade: *Historia de las creencias y de las ideas religiosas*. IV vols. Paidós, 2019. En especial los vols. II y III. Ídem: *Las técnicas del yoga*. Kairos, 2000. Ídem: *Lo sagrado y lo profano*. Paidós Ibérica, 2014. Que sean las élites intelectuales las que copian y explican tales textos no significa que sólo ellas tengan el control de los mismos, porque curiosamente han sido las instituciones religiosas las que han permitido una mayor capilaridad social entre la base y la cúspide, ya que nunca había un único intérprete autorizado sino colegios de ellos, y porque existe un sentido religioso del pueblo que juzga lo «nuevo» si lo hay, con lo aprendido anteriormente. Es el famoso *sensus fidei* de la comunidad que juzga para detectar innovaciones y herejías. De todos modos, para fijar la interpretación facilita mucho tener un texto escrito.

rompe la tradición de la comprensión, espera, oración y predicación comunitaria, desacralizando los textos y analizándolos antes según la filología que la religión, y del mismo modo ocurre con los oráculos caldeos, los textos mágicos griegos[11] o las Upanishads hindúes.

El problema que tenemos a la hora de hacer un comentario al texto de Tobías es que las versiones modernas, a pesar de traducir de una lengua tan conocida para los estudiosos como el griego, no traducen igual y las variantes pueden ser importantes. Esto es algo frustrante para cualquier lector ya que hay pasajes relevantes, que pueden incluir oráculos sobre el mesías, sobre la nueva alianza, etc. que uno lo lee en una versión, y estamos utilizando las mejores versiones, y en otra versión no aparecen, ya que son traducidos de manera totalmente distinta. En este sentido nosotros hemos elegido la versión de la *Biblia de Navarra*, hecha por el equipo de profesores de la facultad de teología y filosofía de esta universidad porque nos parece la mejor. La *Biblia de Jerusalén* que tanto prestigio tuvo en otro tiempo, ha decaído mucho porque hay traducciones de los textos en los que no se aprecian ya doctrinas religiosas fundamentales, aunque igualmente sigue siendo una versión a tener en cuenta y en la que nos hemos apoyado en ciertas ocasiones. *La Biblia de nuestro pueblo* es muy hermosa, de un gran lirismo y con frecuencia tiene buenas lecturas[12], pero es mucho más recomendable para el Antiguo que para el Nuevo Testamento. *La Biblia del Peregrino* del profesor Alonso Schökel y su equipo, en la versión de estudio, tiene los mismos defectos que la *Biblia de nuestro pueblo*. La *Biblia de la conferencia episcopal española* es una buena traducción, pero desigual: aunque algunas lecturas son preferibles a sus equivalentes, y por eso en ocasiones la hemos usado, otras veces son muy mejorables. *La santa Biblia*, de la editorial san Pablo, es quizás la menos recomendable de todas para el estudio: es una versión fácil de leer, para el gran público, que respeta el sentido pero que no atiende demasiado a los detalles algo más sutiles. Entre las protestantes la Reina Valera de 1960 y la NVI (Nueva Versión internacional) son quizás las más recomendables.

Para acabar, podemos decir que en la tradición manuscrita sobre el libro de Tobías tenemos: A) Versiones en hebreo y arameo, como las encontradas en Qumrán (ca. 100-25 a.C.), donde abundan mucho más las versiones arameas (4-1), queriendo significar, tal vez, que el público de este texto no era tanto la alta casta sacerdotal como el pueblo israelita. B) las versiones en griego, entre las que encontramos una recensión larga, que parece ser mucho más cercana a la original semítica y que es la que se tradujo en la Vulgata y por tanto en las Biblias católicas posteriores y un texto breve, mucho más estilizado y que funciona, casi, como un resumen del anterior, pero que ha tenido su influencia porque es el que se conservó en los importantísimos manuscritos Vaticanus y Alexandrinus. Hoy la versión más utilizada para traducir el texto es la griega «larga» del códice Sinaítico y que es la base utilizada en la versión, aceptada universalmente, de la Septuaginta crítica, Rahlfs-Hanhart [Editio altera]: 5119 (Ediciones científicas de la Deutsche Bibelgesellschaft) 2017.

---

[11] *Textos de magia en papiros griegos*. (2004). Gredos / *Oráculos Caldeos*. (1991). Gredos/*Upanisad*. (2009). Trotta.

[12] Aunque no siempre está libre de prejuicios modernistas y anti deuterocanónicos como vimos.

CAPÍTULO 4
¿Quién, cuándo y dónde se escribió el libro de Tobías?

AHORA TOCA PREGUNTARSE: ¿QUIÉN ESCRIBIÓ EL LIBRO DE TOBÍAS? No se sabe con certeza; pudo ser el mismo Tobías, hablando de lo que le había pasado, suponiendo que fuera un personaje histórico. Puede ser que una parte del libro fuera escrito por Tobías o algún familiar posterior con los recuerdos de familia, aunque tampoco tenemos evidencia. Si asumimos que es sólo una especie de novela moralizante y que por tanto nunca hubo un Tobías como nos lo presenta el libro, sino que es un texto escrito siglos después para poder de manifiesto la providencia de Dios, entonces el autor es ya indescifrable. Si el libro es, por tanto, sólo, una expresión de las convicciones de la comunidad judía (concepto este, «comunidad», que tanto éxito ha tenido a la hora de atribuir «autores» a textos del Nuevo Testamento[1]) entonces la cuestión de la autoría incluso pierde parte de su importancia. Personalmente apoyamos la hipótesis de que, tras recuerdos familiares y comunitarios sobre una historia ejemplar, la de Tobit, poco a poco se fue depurando un relato que finalmente cristalizó en el texto que tenemos actualmente.

¿Cuándo y dónde se escribió el libro?

Lo cierto es que tampoco lo sabemos. Las hipótesis de los mayores biblistas del mundo proponen lugares tan diferentes como Palestina o Egipto y un arco que va desde comienzos del siglo IV a.C. hasta finales del III a.C. con algún autor incluso defendiendo que se escribió durante siglo I a.C. Esto deberian darnos qué pensar sobre la fiabilidad de la escriturística moderna, que como vemos está lejos de ser un conocimiento seguro. En cualquier caso, como parece que el «original» debió de escribirse en arameo, como está preocupado por las cosas que pasan en Asiria y Media (territorio del imperio medo-persa) y como hace referencias a un estilo de leyendas o fábulas cercanas a las persas, nosotros nos inclinamos a pensar que pudo ser escrito en Mesopotamia (sea Babilonia) o bien en el imperio persa (¿quizás en Susa?) pues en ambos lugares sabemos que había florecientes comunidades israelitas.

---

[1] Hasta el punto de que recientemente el doctor B. Pitre nos ha tenido que recordar que no es cierto que los evangelios sean anónimos, como ha hecho en su libro *En defensa de Jesús*. (2023). Cor iesu.

Como el relato describe la victoria de los medos sobre el imperio asirio en el tiempo del rey Ciajares (reinado 625–585 a. C), no hay ningún impedimento para pensar que nuestro texto fue escrito durante los siglos VI-V a.C. Incluso su arameo algo, tosco según dicen los comentaristas, podría ser una indicación de que la lengua del escritor no era originalmente esta, sino el hebreo, y por tanto podríamos fecharlo en un tiempo relativamente antiguo. Si no tomamos la profecía sobre la destrucción de Babilonia que aparece en 14:4-7:

> *«Y tú verás que Jerusalén será restaurada, y se construirá nuevamente el Templo de Dios en ella, con su base firme. Los babilonios serán destruidos, y todos los pueblos que destruyeron a Israel serán derrotados. El Señor recompensará a los hijos de Israel.»*

como una profecía, sino como una vaticinium ex eventu y teniendo en cuenta que Babilonia cayó en poder de los medopersas en el año 539 a.C. afirmamos que es posible que el libro se hubiera ya escrito durante el siglo V o en el IV a.C. como tarde: no vemos razones para tener que retrasar más su escritura. El que no haya ninguna referencia a la siguiente caída de los imperios, con las conquistas de Alejandro y los griegos, a nuestro parecer, lo retrotraería en sus fechas a antes de tales eventos. Por otro lado, el 2.º templo de Jerusalén se terminó a construir en el año 515 a.C. bajo la supervisión de Zorobabel, de linaje real. Es decir, hacia finales del siglo VI, lo cual cuadraría con que el autor de este texto, escribiendo en el siglo V o IV a.C. y en Mesopotamia o Media, en cualquier caso, dentro del imperio persa, conociera de sobra la reedificación del templo de su nación.

Estructura, partes, lenguaje, género literario

Como se ha reconocido desde antiguo, el libro puede ser dividido en tres partes: una primera parte que nos presentan los personajes principales, con sus desgraciadas y su deseo de seguir siendo fieles al Dios de Israel, una segunda parte en la que la intervención del ángel Rafael, que acompaña a Tobías a Media, va preparando la resolución del problema y, una tercera parte, el desenlace, en el que las historias de los personajes que al comienzo se nos habían presentado tan angustiados y perseguidos, se resuelve felizmente.

El lenguaje original pudo ser el hebreo o el arameo como ya dijimos, no hay consenso entre los especialistas. El que se hayan encontrado partes en hebreo no siempre es prueba de que sean los originales, pues en algunos casos parecen traducciones del griego. El arameo parece la lengua más probable de su escritura «original», aunque como dijimos no está del todo claro que sea la lengua propia del escritor por ciertas tosquedades.

Sobre la cuestión del género literario tenemos que expandirnos algo más. Durante el siglo XVIII europeo el cambio de mentalidad, de transcendente a inmanente, de religiosa a política, de escatológica a histórica, de teológica a antropológica, etc. se fue consolidando cada vez más. Algunas personas, que vincularemos *grosso modo* a la ilustración (aunque en realidad hubo muchas ilustraciones, desde posiciones ateas hasta católicas) fueron empezando a poner en duda la inspiración de la Sagrada Escritura. Si la Sagrada Escritura no era sagrada, lo que sí seguía siendo, sin duda, era escritura, y por tanto se la podía analizar y estudiar con los métodos propios del estudio de la literatura. Estos medios fueron muy desarrollados en la Antigüedad, tanto por Aristóteles, que hizo su propia versión de los clásicos homéricos, como por los filólogos de la gran biblioteca de Alejandría[2]. Fue en Francia durante el siglo XVII, a raíz sobre todo de la fundación de la *Académie Française* en 1635, que los estudios sobre la forma literaria, tras de los que se habían realizado en el Renacimiento los italianos (vg. Lorenzo Valla o Petrarca) volvieron a ponerse «de moda». Un siglo después, empezaron los ataques a la sacralidad de la Biblia desde la nueva perspectiva humanista, hedonista, racionalista, individualista, utilitaria y basada en el prejuicio de que quienes no han llegado a nuestra época vivieron en la ignorancia y la barbarie más crédulas. Así comenzó el desmembramiento de la Biblia, tanto del Antiguo como del Nuevo Testamento. Salvo por la *rara avis*, poco seguida en su época, de Martin Seidel, fueron los Richard Simon, Reimarus, Jean Meslier, Voltaire, David Strauss, de Wette, Hermann Hupfeld, A. Dillman, J. Wellhausen, von Harnack, y tantos otros los que desacralizaron la Biblia en los siglos XVIII y XIX.

Lo cierto es que, aunque los ataques fueron muchos y poderosos, nadie se ponía de acuerdo en qué consistía o qué quedaba entonces de la Biblia: para unos era una simple colección de textos de una tradición sin más importancia que cualquier otra. Para otros la fragmentación que los estudios habían hecho de las tradiciones que debieron existir con anterioridad a la fijación de texto había llegado a tal punto, y se le atribuía a tan diversos pueblos e influencias sobre Israel, que la Biblia más parecía un centón de todas las corrientes religiosas de la historia que otra cosa; para unos era un libro normal, de un pueblo normal, con los valores normales de un dios nacional: tierra, comunidad y poder político, hasta que en el destierro se «aluciaron» con el mito del mesías (esta era, por ejemplo, la tesis de Nietzsche) para otros ese mito mesiánico habría venido de la mano del zoroastrismo, con sus ángeles, sus demonios, su mesías, sus palabras arameas y persas, su creencia en la inmortalidad del alma o de la resurrección de los muertos, etc. (Esta idea aún la recoge M. Eliade en su *Historia de las creencias y las ideas religiosas* que acabó de publicar en 1986 y que tanto influyó en ciertos ambientes católicos de los años 60, 70 y 80). Otros pensaban, por sus descubrimientos orientalistas, que la influencia de egipcios, sumerios, acadios, babilónicos, etc. en la Biblia era tan grande que casi no quedaba nada original para el pueblo hebreo y aún otros afirman que los israelitas no eran sino un pueblo cananeo más que había vivido una reforma religiosa que lo había convertido en lo que fue y es[3]. (Fijémonos la importancia de las palabras en todo esto: si en vez de reforma religiosa, que suena a unos cuantos descontentos, usamos la palabra revolución religiosa, haciendo referencia a lo mismo, a que sobre un fondo común de religiosidad semita, que la Biblia no sólo no niega sino que predica, Abrahán, Moisés y David introdujeron y profundizaron una revolución religiosa, monoteísta, universalista,

---

[2]   Consúltese Hipólito Escolar Sobrino, *La Biblioteca de Alejandría*. Ed. Gredos, Madrid, 2003.
[3]   Esa es la hipótesis de base con la que parecen trabajar I. Finkelstein y A. Silberman en su superventas *La Biblia desenterrada*, ed. Siglo XXI, 2003.

moralista, etc. estaríamos mucho más cerca de la propia visión bíblica con sólo acentuar un poco más el término).

Debemos detenernos un momento sobre esta cuestión del orientalismo y la Biblia. El siglo XVIII había desarrollado, como recordábamos, una nueva mentalidad y metodología: donde dice milagro, decimos falsedad, donde dice Dios, decimos invento, donde dice acción salvadora, decimos casualidad, donde el texto no coincida con lo que sabemos por otra fuente siempre le daremos prioridad a otra fuente ya que está menos «fanatizada», es menos «crédula», menos supersticiosa, menos «de parte» etc. Y esta mentalidad, acompañada de las técnicas de uso normal en el análisis de los textos en un momento, comienzos del siglo XIX, en el que estaba naciendo la filología (pensemos en los hermanos Grimm, Herder, von Humboldt, Alfred von Gutschmid, Johann Adam Hartung, Wilhelm Nestle, Diels, Georg Niebuhr, Richard A. Reitzenstein, Friedrich August Wolf, Cornelis Petrus Tiele, etc.) es la que va a dominar los estudios bíblicos. Conforme avanza la centuria, al aparecer una nueva filología, que es la filología de las lenguas que hasta entonces se desconocían, el egipcio, el caldeo o babilonio, el persa antiguo, el asirio, el acadio, el sumerio, el sánscrito, etc. permite, por primera vez en milenios, tener acceso a sus textos sacros (o a lo que queda de ellos). Esto hace que la simple mentalidad racionalista ilustrada, y el análisis de textos, se mezcle con las informaciones que vienen de la literatura del mundo antiguo, y así muchos empiezan a comparar la Biblia con tales textos, descontextualizándola de su matriz creyente, hebrea o cristiana, y recontextualizándola en el Próximo Oriente antiguo, acentuando sus semejanzas con otros textos y tradiciones. Esto es lo que Nietzsche quiere decir en sus textos anticristianos con «filología»: saber racionalista histórico, destructor de los supuestos mitos bíblicos sean del Antiguo Testamento, como en los que nos estamos centrando ahora, o del Nuevo.

Además, entre finales del siglo XIX y comienzos del siglo XX llega a su madurez otra ciencia que también tiene mucho que decir en todas estas cuestiones, la arqueología. En efecto, franceses, alemanes, ingleses, estadounidenses, polacos, etc. empiezan a llegar a los países del Creciente Fértil a estudiar todos los periodos de su historia, y esto genera un nuevo cambio de paradigma. Podemos decir que hasta los años 60 de la pasada centuria, más o menos, la perspectiva tendía a darle la razón a la Biblia a través de los descubrimientos arqueológicos: es la época de William Foxwell Albright o del gran *best seller* de W. Keller, *Y la Biblia tenía razón*. Posteriormente llegaron los 60 y con ellos la revolución intelectual, sexual, anticristiana, antiautoritaria, antropológica, etc. que podemos catalogar, genéricamente, bajo el nombre de contracultura[4], y empezaron a interpretarse los descubrimientos arqueológicos de manera diferente, pero lo que cambiaba era la interpretación no el objeto que, obviamente, no podía cambiar.

---

[4]   *Cf.* M. López Cambronero y Feliciana Merino: *Mayo del 68: cuéntame cómo te ha ido.* Ed. Encuentro, 2018; Theodore Roszak: *The Making of a Counter Culture: Reflections on the Technocratic Society and Its Youthful Opposition*, University of California Press, 1995; Barry Miles: *Hippie.* Ed. Cassell, 2005.

Frente a toda esta avalancha contra la religión y la tradición, el biblista alemán H. Gunkel, uno de los mayores sabios de su época en el estudio de los salmos, hizo mucho hincapié en una noción que, si bien debería de haber sido básica en los estudios de los biblistas anteriores puesto que es parte del acervo común de cualquier filólogo, había sido prácticamente ignorada hasta su trabajo, mostrando cómo, en realidad, los autores protestantes seguían entendiendo la Biblia de modo protestante y su erudición estaba al servicio de sus previas confesiones de fe, o en todo caso en contra del catolicismo debido a los grandes prejuicios anticatólicos en los que se educa a los protestantes (como se ve incluso en textos de personas que creían que ya habían dejado la fe atrás como el gran erudito liberal von Harnack[5]). El trabajo de Gunkel parte de una obviedad manifiesta: cada texto pertenece a un género literario distinto y es crucial reconocer a qué género pertenece para poder entender sus formas[6] de decir, su intención, etc. es decir, para poder comprenderlo. Este aserto es tan ovio que la pregunta inmediatamente sería: si los anteriores investigadores no habían estudiado la Biblia desde esta perspectiva, ¿qué estaban analizando? ¿Cómo podían pretender decir algo con acierto[7]? Pongamos algunos ejemplos banales: es evidente que no interpretamos igual unas instrucciones de uso de una máquina o de una medicación, que un poema, una canción, una novela, una confesión, un sermón o un tebeo. Las mismas palabras significa cosas diferentes en un tratado de astronomía y en una descripción poética de la noche. Es más, los mismos objetos pueden ser referidos con palabras absolutamente dispares, que en la literalidad de su comprensión serían aberrantes (no, mi amada no tiene los ojos de cordera, ni sus labios son, gracias a Dios, esos animales de esqueleto externo llamados corales).

[5]   Puede verse a este respecto su polémica con el padre Denifle a cuenta de la obra de este último sobre M. Lutero. P. Denifle: *Lutero y el luteranismo*. 2 vols. Versión en español, Manila, 1922.

[6]   De hecho, el profesor Gunkel pasa por ser el creador de la escuela de las formas o método de la historia de las formas (*formgeschichte*) que trata de analizar el devenir oral de un texto antes de ser fijado según las formas canónicas de un género literario. Igualmente se preocupó mucho de los mitos presentes en la Biblia y del concepto, muy similar a los equivalentes de Husserl y Heidegger, sobre la situación vital del autor o la comunidad que produce un texto (*Sitz im Leben*). Este último concepto ha hecho fortuna en los estudios del Nuevo Testamento y aún se sigue usando con profusión. (Si bien, a nuestro juicio, es un criterio que puede ser abusado en su uso, porque sustituye la verdad revelada por la situación intelectual-vital y la respuesta que da la comunidad a sus vicisitudes históricas. Por tanto, es la comunidad con sus presiones, necesidades o intereses, la creadora e intérprete de los textos sacros, secularizando así, de facto, la religión y convirtiéndola en algo más parecido a la política. Se trata más de hacer historia y justificar lo que dicen los textos revelados, que de entender la voluntad de Dios, porque es la respuesta de una comunidad humana al devenir de la historia. Este criterio secularizador es un principio aceptado previamente y que dirige, muchas veces, el análisis.

[7]   Por ejemplo, en la supuestamente muy oscura transición entre los siglos VII y VIII, el gran maestro inglés san Beda el Venerable hablaba con toda naturalidad de la necesidad de los géneros literarios para entender la Escritura. *Cf. La Biblia comentada por los padres de la Iglesia*. Ed. Ciudad Nueva. XXX vols. Vol. 6 Tobías, Judit, Esther, 1-2 Macabeos. 2017.

La cantidad de malentendidos que resolvió H. Gunkel fue tan grande simplemente apelando al género de la narración que incluso el Papa Pío XII en su encíclica *Divino affante Spiritu*[8] sobre el estudio de la Sagrada Escritura en la Iglesia, hace referencia directa a tal método para el estudio de la Biblia. Desde entonces todos los escrituristas se preocupan por saber a qué género literario pertenece un texto, porque sabemos que eso nos va a dar claves para su interpretación[9].

Desafortunadamente, no es todo tan sencillo: en un mismo texto pueden coincidir varios géneros literarios, como reconoce el propio Gunkel en su trabajo sobre los salmos[10], y pueden incluso fusionarse dando lugar a nuevos géneros mixtos; no se ha podido identificar con claridad a qué genero pertenecen los Evangelios, por ejemplo[11]. Además, hay otro problema: lo que nosotros entendamos, por similitudes normalmente externas y tratando de descifrar cuál era la intención del autor que escribió un texto, comporta un gran grado de subjetivismo. Tampoco todos los autores «originales» trabajan del mismo modo con los géneros literarios, hay quienes cuentan lo que creen con las palabras que tienen disponibles y poco más, y otros que crean composiciones elaboradas según un canon literario establecido, y esto afecta a lo que nuestro conocimiento de un género puede decirnos.

Por otro lado, el propio concepto de género literario ha sufrido un proceso de secularización, de modo que cuando aplicamos un género literario secularizado, como el de leyenda, a lo que el autor bíblico pretendía, que era una revelación divina, no estamos haciendo ciencia, sino traduciendo en categorías culturales aceptables para nosotros lo que para el escritor del texto era una realidad distinta. La aplicación del sistema de géneros literarios sin reparar en la secularización de los mismos ha permitido «destruir» el A. y el N. Testamento, desgajándolos en unidades menores, criticando la intención el autor y estableciendo una especie de sistema funcionalista: para lograr tal efecto el autor del texto usa tal género que tiene tales características que detectamos en el escrito, por tanto el texto no dice la verdad sino que responde a las intenciones de un escritor que

---

[8] https://www.vatican.va/content/pius-xii/es/encyclicals/documents/hf_p-xii_enc_30091943_divino-afflante-spiritu.html

[9] Se ha comentado muchas veces, aunque aún no tenemos un trabajo sistemático, la relación entre los estudios bíblicos, la filosofía-ideología dominante en cada autor y momento, y el desarrollo de los estudios literarios en general. Por ejemplo, no hay mucha duda de que el trabajo bíblico de Bultmann bebe en gran medida de su aceptación de la filosofía de Martin Heidegger. De igual modo, muchos de los vaivenes y modas interpretativas de la Biblia, el Jesús guerrillero, el comunista, la autoría anónima y colectiva (la comunidad) de los textos, el *Sitz im Leben* del que hablábamos, antes son sospechosamente parecidos a las tendencias ideológicas del momento. Si esto fuera así ¿qué quedaría de la tan cacareada «ciencia bíblica»? No habríamos tenido mucho más que una gigantesca historia de prejuicios e ideologías pasando por encima del texto bíblico en sobreinterpretaciones inasumibles.

[10] *Cf.* H. Gunkel: *Introducción a los salmos*. Edicep, 1983 (primera edición en alemán, 1926).

[11] Aunque la mayoría se decantan por biografías de tipo antiguo.

son espurias, en tanto quiere hacer pasar una obra de ficción por una realidad histórica o teológica a través de la técnica de los géneros literarios usados. Es por eso por lo que en la segunda mitad del siglo XX lo que se ha hecho fundamental y hacia donde se ha desplazado el debate no son los textos bíblicos sino sus interpretaciones[12].

Por tanto, según esta visión, no tenemos un único sistema interpretativo de la Biblia (ni una voz autorizada para la interpretación[13]) y sobre todo no tenemos uno que funcione al margen de la comunidad que recibe, recoge y propaga el texto. Todos los textos religiosos son en primer lugar, confesiones de fe afirmadas por una comunidad en su tradición[14].

En la Iglesia Católica se evitan todos estos problemas porque la Biblia no es la norma de la fe, de lo que hay que creer (porque a todo texto se le puede hacer decir casi cualquier cosa, descontextualizándolo, sobreinterpretándolo, caricaturizándolo, etc.) sino que es la norma de la fe —el depósito de la revelación contenido en la Biblia, pero también en la Tradición y sujeto a la lenta, paciente, y supervisada por el Espíritu Santo, exposición magisterial— la que interpreta el texto. Fijémonos el giro copernicano que produce el protestantismo desgajando la religión del lugar de su nacimiento, la Iglesia y su tradición, sustituyendo así la religión por una filosofía religiosa, que no es lo mismo. En la comprensión del protestantismo decimonónico alemán la comunidad, como el pueblo en los mitos germánicos o en los cuentos de los hermanos Grimm, es el que crea los textos (pero los mitos y los cuentos no tenían autor conocido mientras que los textos bíblicos sí, por eso ha sido fundamental, para esta corriente, fragmentar los textos para tratar de mostrar que no existió nada parecido a un autor que dé garantía de la realidad de la revelación de la divinidad. Pasamos de una religión de la revelación a una creación sociohistórica de filosofía religiosa a demanda de un grupo y sus necesidades, recogiendo la idea de Feuerbach (otro luterano alemán devenido ateo) de que es el hombre el que crea a los dioses y a Dios[15].

---

[12] Es lo que vemos en autores muy conocidos hoy en día como Xavier Melloni. *Cf.* X. Melloni: *Nómadas del absoluto*. Instituto teológico de vida religiosa. Vitoria. 2012 o José Antonio Pagola, *Jesús, aproximación histórica*. Ppc. 2013.

[13] Ya se ve que todo esto es muy protestante por mucho que se le llame científico.

[14] Otra vez algo muy protestante, el énfasis se ha desplazado de la verdad objetiva de lo revelado a la confesión de fe de la comunidad.

[15] L. Feuerbach: *La esencia del cristianismo*. Ed. Trotta, 2013.

CAPÍTULO 5
La situación de los estudios católicos sobre el libro de Tobías

Hay personas que se lamentan sobre la evolución de la descristianización en el mundo, en especial entre las naciones católicas. Normalmente eclesiásticos o laicos católicos sinceros, se afligen por lo que parece una enorme ola de apostasía en países y continentes enteros que antaño tuvieron fe. Las causas que se esgrimen son de muy diverso tipo, tanto extrañas a la Iglesia como propias de ella. Lo que no se suele reflexionar tanto es que han sido, entre otros, algunos eclesiásticos y estudiosos católicos los que han destruido la confianza del público en los textos sagrados en los que se basaba su fe[1].

Si uno accede, por ejemplo, a la editorial *Sal Terrae*, sobre todo en la más importante de sus colecciones, «*Presencia teológica*», se encuentra con una enorme cantidad de títulos. Pues bien, tan solo leyendo las contraportadas, cualquier católico medio quedará sorprendido ante lo que está leyendo. Prácticamente no hay un libro de la colección que no contenga manifiestas herejías, algunas realmente graves y enormemente perturbadoras para la fe. Algunos de esos títulos no son sino simples transferencias de tesis protestantes, otros, más audaces, son simples demoliciones de la fe en Cristo y de la confianza posible en los textos bíblicos. Si tenemos en cuenta que *Sal terrae* es la principal editorial de la principal congregación religiosa de la Iglesia católica, de la que el propio sumo pontífice de esta religión es miembro, la Compañía de Jesús, ¿qué podemos pensar, sino que el propio catolicismo se está destruyendo a sí mismo[2]?

Pero no se ha detenido aquí la auto demolición de la fe por los propios estudiosos católicos. Si cogemos la más importante, o afamada al menos, escuela de escriturística que se ha dado en España en los últimos años, la del padre Luis Alonso Schökel, jesuita, nos encontramos con una deconstrucción casi sistemática de los puntos de vista católicos

---

[1]   Es muy difícil seguir siendo cristiano si uno lee y acepta los postulados de E. Schillebeck o H. Küng, del mismo modo que sus autores claramente no lo son. Véase E. Schillebeck: *Jesús la historia de un viviente*. Ed. Trotta, 2010; H. Küng: *El cristianismo, esencia e historia*. Trotta, 2019.

[2]   Si se comparan las afirmaciones de los autores comentados anteriormente, o de la mayoría de los publicados en esa colección, con el Catecismo de la Iglesia católica, que es la exposición oficial de la fe católica, las distancias, con frecuencia, no pueden ser mayores. *Catecismo de la Iglesia católica*. Ppc. 2005.

sobre la Escritura[3]. Por ejemplo, el discípulo directo del profesor Schökel, el padre José Luis Sicre, ha llegado a afirmar que en todo el Antiguo Testamento sólo reconoce un oráculo sobre el mesías, aquel que se refiere a la dinastía eterna que Dios le prometió a David a través del profeta Natán[4]. Pensemos que en la tradición católica siempre se enseñó que todo el A. T. hablaba en realidad sobre el mesías, su llegada y sus tiempos, y que la labor de un buen teólogo era tratar de entender cómo los textos antiguos se aplicaban al Cristo[5], de esto, aparentemente, queda muy poco.

Pongamos otro ejemplo, la Biblia de la casa de la Biblia. En teoría, la casa de la Biblia pertenece a la Hermandad de Sacerdotes Operarios Diocesanos, asociación sacerdotal fundada en 1883 por el beato Manuel Domingo y Sol dedicada al apostolado sacerdotal. La Biblia que publican en colaboración también con la editorial PPC (perteneciente al grupo SM, Santa María, de la congregación de los marianistas), Sígueme (de los mismos sacerdotes operarios) y Verbo Divino (que pertenece a la congregación de misioneros del Verbo Divino) no es que sea una Biblia con errores, sino que más parece una Biblia ecuménica que una Biblia católica; incluso el famoso texto de «La virgen dará a luz un hijo» (Is 7, 14) es traducido como «la joven está encinta y dará a luz un hijo», como en cualquier buena Biblia protestante, y haciendo imposible que el lector reconozca entonces, en el texto de Isaías, una profecía sobre Cristo[6]. Lo curioso es que esa traducción ha sido aprobada por la mismísima Conferencia Episcopal Española (es decir, tiene todos los parabienes eclesiásticos y científicos).

Podríamos seguir con mil ejemplos no sólo del ámbito hispano. El comentario Bíblico más común y utilizado entre los católicos, posiblemente, es el *Comentario Bíblico san Jerónimo*, que tuvo su primera edición en 1968. A comienzos del siglo XXI se lanzó el *Nuevo Comentario Bíblico san Jerónimo*, realizado por un plantel muy extenso de expertos y bajo la dirección de tres grandes figuras de la exégesis mundial: Roland Murphy, carmelita, Joseph A. Fitzmyer, eminencia en el estudio de la obra de S. Lucas, jesuita, y Raymond Edward Brown (sulpiciano), uno de los mayores especialistas en el evangelio según san Juan. Evidentemente hay mucho saber y muchas cosas buenas en ese libro extensísimo, pero hay muchas otras que no, figurando autores como el exsacerdote

---

[3]   Si leemos su versión de la Biblia, o sus versiones, *Nueva Biblia española* (1976) *Biblia del peregrino* (1995) *Biblia de nuestro pueblo*, etc. vemos cómo sus introducciones, comentarios y opciones de traducción se inscriben dentro de lo que podríamos llamar neomodernismo católico. Lo sorprendente del caso es que la *Biblia de nuestro pueblo*, por ejemplo, es una de las más vendidas en todo el mundo hispano, vendiendo millones de ejemplares y publicadas sin ningún obstáculo eclesiástico. (Esto no es óbice para otros grandes méritos de tales versiones, como su lirismo).

[4]   *Cf.* José Luis Sicre, *De David al Mesías, textos básicos de la esperanza mesiánica*. Verbo divino, 1995.

[5]   El Antiguo Testamento está latente en el Nuevo, y el Nuevo está patente en el Antiguo, san Agustín, Quaestiones in Heptateuchum 2,73; *cf.*

[6]   Salvo porque el propio evangelio según san Mateo, que ya nos deja bien claro la introducción de esta Biblia al mismo que no es de Mateo, lo cita explícitamente en Mt 1, 23.

J.D. Crossan que se ha distinguido durante décadas, además de por su fama, por ser uno de los mayores destructores de la fe en Jesús en el ámbito católico, especialmente de los EEUU[7].

En el caso que nos ocupa, el libro de Tobías, también su apreciación ha cambiado mucho. Durante siglos, este libro se puso como modelo de piedad y confianza en Dios, al mismo tiempo que como garante de ciertas ideas teológicas importantes y de la solicitud del Padre con sus hijos. Pero mucho ha cambiado la Iglesia católica a partir el Concilio Vaticano II. Este libro, que con frecuencia se utilizaba en las bendiciones matrimoniales, se ha, prácticamente, dejado de utilizar y esto por varias razones. Una, porque por la influencia protestante (y judía) se considera un libro deuterocanónico y, por lo tanto, posiblemente, no inspirado. Como dijimos se entiende más como una bella y pía historia que como una verdadera revelación de Dios. Dos, porque al parecer, su visión del matrimonio (machista según dicen algunos) de la piedad filial (intranscendente) de la creencia en los ángeles (que para colmo mienten y se hacen así inmorales) y de los milagros (chapuceros, con tripas de pescado, que en el mejor de los casos serían una concesión a la superstición antigua y en el peor algún tipo de ritual semi demoníaco) dejarían este libro fuera de toda posibilidad de ser aceptado por una fe bien formada y adulta. Por tanto, este libro como el de Judit, el de Rut, el de Esther, el de la Sabiduría, el de los Proverbios, los 2 de los Macabeos, y el de Qohelet[8], cada vez son menos usados en la Iglesia católica.

Es decir, que tras siglos de ser un libro apreciado, querido y muy usado, sobre todo en bodas como dijimos, ha pasado a ser uno de esos libros postergados de la Biblia de los que nadie quiere hablar, del mismo modo que hoy en día estamos viendo que ocurre con los Salmos, de los que ya se ha propuesto hacer una versión que no los recoja todos o al menos que dé interpretaciones diferentes de los versículos, pues ciertamente en algunos salmos hay mucha petición de revancha a Dios por los males que sufre el orante. Los comentarios católicos dedicados a este libro de Tobías son muy pocos en proporción con los que se hace a tantos otros libros de la Biblia y, en general, los esfuerzos intelectuales por desentrañar su sentido, paralelos, etc. menores que en otros textos bíblicos.

---

[7]   Una última reflexión: todo el mundo coincide en que el teólogo más influyente del concilio Vaticano II, en el ala llamada progresista, fue el jesuita alemán K. Rahner, cuya teología no puede definirse más que como neognóstica, posiblemente influido también por lo que el círculo *Eranos* había hecho en las décadas anteriores, trabajo del que estaba bien informado por su hermano Hugo Rahner, participante en el mismo. No parece que sea casualidad que haya tantos jesuitas de altísimo nivel implicados en cuestiones de quiebra de la fe (De Chardin, Arrupe, Küng, Rahner, Bea, e incluso universidades enteras como a veces se ha dicho de Georgetown. Se hace urgente reestudiar la historia de la Compañía en el siglo XX desde un punto de vista más crítico del que lo hizo Jean Lacouture: *Los jesuitas*. 2 vols. Paidós, 2006).

[8]   Quizás el único libro saduceo que se conserva en la Biblia, o al menos, eso piensan muchos exégetas.

Con todo existen algunos comentarios, como el de Ana Laura Castillo y Gabriel Fierro para Verbo Divino[9], el de José Vílchez igualmente para Verbo Divino[10], la exposición del padre Manuel Pérez para el canal de youtube Cautivados por la Palabra[11] o el comentario de la importante web católica Mercabá[12].

Por nuestra parte creemos que ha llegado la hora de volver a reponer este libro en su dignidad y belleza originales.

---

[9]   *Ester, Judit, Rut, Tobías*. Apócrifos del Antiguo Testamento (Biblioteca Bíblica Básica). Ed. Verbo Divino, 2009.

[10]   *Tobías y Rut*. Verbo Divino, 2000.

[11]   https://www.youtube.com/watch?v=EjptrVTfD6A

[12]   https://www.mercaba.org/Biblia/Comentada/tobit.htm

COMENTARIO

Capítulo 1

1. *Historia de Tobit, hijo de Tobiel, hijo de Ananiel, hijo de Aduel, hijo de Gabael, del linaje de Asiel, de la tribu de Neftalí,*

Lo primero que vemos es como la importancia del linaje es esencial en Israel ya que sólo aduciendo el linaje se podía demostrar que uno era realmente israelita. De hecho, aquellos que a la vuelta del destierro no lo pudieron hacer no fueron admitidos en Israel (*cf.* Es 2, 59-63)

2. *que en tiempo de Salmanasar, rey de Asiria, fue deportado de Tibé, que queda al sur de Cadés de Neftalí, en la Galilea superior, por encima de Jasor, detrás del camino del oeste y al norte de Sefat.*

Existe una controversia sobre si fue Salmanasar el rey que destruyó el reino del Norte, Israel, con capital en Samaría, o si fue su general y posterior sucesor Sargón II (el cual tomó el trono por la violencia).

No todas las referencias geográficas que se dan aquí se han encontrado de momento, o no todas las ubicaciones y ruinas propuestas son aceptadas unánimemente. Por ejemplo, Tisbé o Tibé y Sefat (Hormah) generan dudas, aunque no Cadés y Jasor.

Vemos, por tanto, que el narrador se esfuerza mucho por localizar en la genealogía de Israel a su personaje, de ubicarlo en un tiempo bien conocido y en lugares muy determinados. Hay, a pesar de lo que dicen muchos estudiosos, un intento de veracidad, de verosimilitud muy grande por parte del escritor, que nos haría decantarnos por la tesis de que hay un fondo histórico en este relato.

3. *Yo, Tobit, he andado por caminos de verdad y en justicia todos los días de mi vida y he repartido muchas limosnas entre mis hermanos y compatriotas, deportados conmigo a Nínive, al país de los asirios.*

Son muchísimos los versículos bíblicos en los que se habla del camino de justicia, que siempre quiere decir el camino de Dios o enseñado por Dios. Estas expresiones se encuentran tanto en el Antiguo Testamento (*cf.* Sal 2; 119; 32; Prov. 10, 17; Lam. 3, 40; Is. 26, 8; Jer 6, 16, etc.) como en el Nuevo (*cf.* Mt 7, 13-14; 2 Pe 2, 21, etc.). Recordemos que el primer nombre que tuvo el cristianismo, aún en la tierra de Israel, fue «el camino[13]». Lo sorprendente de la revelación cristiana es que Jesús se presente el mismo como el camino: «Yo soy el camino, la verdad y la vida» (Jn 14, 6) haciéndose así semejante a Dios.

En cuanto a la limosna: Tengamos en cuenta que en el mundo antiguo no había ninguna de las instituciones de protección social que conocemos en la actualidad. Fue la Iglesia católica la que creó cajas de pensiones, hospicios, hospitales para pobres, ayuda a los enfermos y los ancianos, etc. (y en tan gran número que cuando el emperador Juliano el Apóstata quiso destruir la influencia social de la Iglesia como paso para acabar con ella, obligó a los sacerdotes y cultos paganos de todo el imperio a realizar las mismas obras de caridad que hacían los cristianos[14]). La primera expresión de esa conciencia social, que diríamos hoy, es la limosna. Hay que recordar que a la triste situación del destierro, con muchos judíos que vivirían presumiblemente en la indigencia (si bien otras familias prosperaron mucho) hay que sumarle la teología de la tierra de Israel. Para Israel, como se lee en el Génesis, Dios es el creador de todo y, obviamente, de nuestro planeta también, que lo ha entregado a Adán, a los seres humanos, para que crezcan, se reproduzcan y dominen la tierra. (*cf.* Gn. 1, 28). Eso quiere decir que en última instancia todos los bienes de la tierra son propiedad de Dios, el hombre es más bien un tenedor en usufructo. Por otro lado, Dios ha creado la Tierra y lo que contiene para sustento del hombre. Por eso es un escándalo mayúsculo que haya hombres tan desposeídos por los demás que no tengan ni para comer, negando así los designios de la Creación de Dios. Resulta ello un tremendo pecado y es así porque vivimos en el tiempo del mundo caído. Por eso, la limosna es un acto religioso, porque viene a reponer el mundo en el que el hombre no compite con el hombre, sino que comparte, el mundo antes de la entrada del pecado en él, cuando Adán tenía para sobrevivir sin tener que arrancárselo con sudor y pesares a una tierra que se ha hecho avara por la transgresión del hombre (*cf.* Gn. 3, 19) y finalmente la limosna, sobre todo la necesaria para comer, que evita la muerte del indigente, salva una o muchas vidas, siendo así vehículo de salvación y verdadera acción querida por Dios. Podríamos decir que uno de los títulos de Dios podría ser el limosnero, en el sentido de que da para reponer la situación de indigencia del hombre, no otra cosa es lo que afirmamos cuando decimos que Dios es salvador. De hecho, si analizamos el sermón de las bienaventuranzas como se recogió en el evangelio según san Mateo, las bienaventuranzas 1.ª, 2.ª, 3.ª y 4.ª podemos entenderlas, sin ningún problema, como una bendición de reposición a los que sufren la injusticia social aunque este no sea su único sentido (*Cf.* Mt 5, 3-12).

En ese movimiento árabe judeocristiano heterodoxo, y desgraciadamente violento, que llamamos islam,[15] la limosna, el *zakat*, tiene una importancia tan destacada que es uno de los

---

[13]   Aunque quizás aún previamente fuera «La Vida» o «esta forma de vida».

[14]   *Cf.* R. Teja: *Paganismo y cristianismo en la Roma de Juliano*. Desperta Ferro. 2015.

[15]   Édouard-Marie Gallez, *Le messie et son prophète: Aux origines de l'Islam, 2 vols. Éditions de París*. 2006.

5 pilares sobre los que se asienta y, curiosamente, significa purificación[16]. Continuamente en el Corán se llama a dar el *zakat,* de hecho, en la segunda sura, la de Vaca, en el tercer versículo –*aleyyah*– nada más decir que hay que creer en Alá y orar, lo siguiente es la limosna[17].

4. *Siendo yo joven todavía y estando en mi país, en la tierra de Israel, toda la tribu de mi padre Neftalí se apartó de la casa de David y de Jerusalén, la ciudad elegida entre todas las tribus de Israel para ofrecer allí sacrificios y en la que había sido edificado y consagrado, para todas las generaciones venideras, el Templo de la Morada del Altísimo.*

Aunque el texto es muy claro, los estudiosos discuten sobre su significado e importancia. Para unos no hay mucho que decir, a pesar de la apostasía del reino del norte, que conocemos muy bien por muchos otros textos de la Biblia, en especial por el primer libro de los Reyes (1 Re, cap. 12 y ss.), Tobit siguió siendo fiel a Yahveh y subiendo al templo que Salomón había edificado en Jerusalén. Para otros este texto no está escrito por Tobit ni por nadie del reino del norte exiliado, sino muchos siglos después, por un judío de la diáspora, quizás en Egipto, pero proveniente del reino del sur, que, por así decir, está arrimando el ascua a su sardina, comentando que en realidad sólo el santuario del sur, el de Jerusalén, el templo, era el lugar legítimo para dar culto. Por nuestra parte no consideramos que haya ninguna dificultad para afirmar que al menos el núcleo original del relato de Tobit narre una situación real en la que en efecto Tobit siguiera subiendo a Jerusalén[18].

5. *Todos mis hermanos y la casa de mi padre Neftalí ofrecían sacrificios al becerro que Jeroboam, rey de Israel, había hecho en Dan, en los montes de Galilea.*

En efecto, Jeroboam hizo dos becerros de oro y mandó a los israelitas que los adoraran porque eran la representación física del dios que los sacó de Egipto (*cf.* 1 Re 12, 28-29). En la

---

[16] Aunque, desafortunadamente, también se puede emplear no para socorrer a los pobres sino para financiar el *yihad.*

[17] *Cf. Noble Corán.* 2, 3. Versión de Julio Cortés. Ed. Herder, 2000.

[18] La expresión para ir a Jerusalén siempre es subir a Jerusalén, no sólo porque sea una ciudad montañosa más alta que las tierras circundantes, sino porque tiene un sentido teológico de ascensión al monte de Dios, al monte Sion, a la ciudad de David, en la que se edificó el Templo de la Presencia de Dios. Una correcta traducción del Nuevo Testamento en los versículos en los que Cristo habla de «ir» a Jerusalén debería conservar el «subir a Jerusalén».

Por otro lado, si bien nosotros creemos que la versión definitiva de este texto debió de escribirse en Babilonia o Persia durante el tiempo del imperio aqueménida, que Tobit o sus antepasados subieran a Jerusalén a cumplir con sus obligaciones religiosas no es imposible, ya que pretender que tras la división de los dos reinos todos los habitantes del Norte repudiaron el templo de Jerusalén es un error (aunque lo hicieran la mayoría). De hecho, 2 Crónicas 11:13-17 menciona cómo sacerdotes y levitas abandonaron Israel y se trasladaron a Judá porque Jeroboam había establecido su propio sistema religioso con sacerdotes no levitas (no sería raro que estos sacerdotes se llevaran con ellos parte de sus comunidades tras convencerlas de la apostasía del rey). Igualmente, tanto en Esdras 2 como en Nehemías 7, se menciona que personas de diferentes tribus, incluidas las del antiguo reino de Israel, se unieron a Judá. Esto sugiere que con el tiempo hubo una integración de los restos de Israel en Judá en torno al yavismo y a la posterior reconstrucción del templo.

historia de la escriturística este tema de los dos becerros de oro, uno sito en Dan y otro en Betel, ha generado ríos de tinta. Por un lado, Jeroboam dice que ese dios que se representa con un toro es el que los sacó de Egipto, por tanto, conoce el Éxodo y el papel salvífico de Yahveh en él, pero no parece conocer el nombre propio de Dios. A fin de cuentas, Dios sólo se lo había revelado a Moisés, y quizás Moisés sólo se lo revelara a Aarón y éste a sus descendientes. Sabemos también la enorme prudencia con la que se trataba el Nombre (sólo pronunciable por el sumo sacerdote, el día de la expiación en el Santo de los Santos del tiempo) aunque, por otro lado, es parte de muchos nombres propios de persona en Israel (como en Jesús, Josué, Joaquín, Jeremías, Jeconías, Isaías, Joel, etc. nombres teofóricos).

Si Jeroboam conocía la historia del Éxodo necesariamente tenía que conocer la historia de la apostasía de Aarón y de Israel, la fabricación del becerro de oro (Ex 32, 4-6[19]) y de cómo Dios estuvo a punto de acabar con todo su pueblo por ese pecado. El propio Moisés tomó a los levitas a su lado, que no se habían contaminado con esa adoración, y mató a tres mil israelitas (Ex 32, 28). No parece lógico que si esa historia era conocida en Israel, Jeroboam hiciera justamente un becerro para adorar lo que a cualquier hebreo tenía que removerle la conciencia. Por eso, muchos investigadores afirman que, aunque en el Éxodo haya un fondo de verdad y que desde tiempos muy antiguos los judíos vinculasen el hecho de salir de Egipto a la acción de su Dios, el relato sobre el becerro no debió de ser escrito hasta mucho tiempo después, incluso posterior al tiempo de Jeroboam, y posiblemente en el marco de una polémica anicónica por un lado y antisincretista por otro, por los sacerdotes de Jerusalén. La propia figura de Moisés, aseguran algunos, habría sido inventada o reinterpretada en el marco de esta polémica[20] pero sobre cual haya sido la verdad detrás de la historia de Moisés hay tantas hipótesis y tantos pocos datos reales que no diremos nada aquí.

---

[19]   Curiosamente, aunque el texto dice que Aarón fabricó un becerro de oro, inmediatamente, en el sermón que Aarón da al pueblo, les dice a los israelitas que: «estos son tus dioses», en plural (*cf.* Ex 32, 4). Jeroboam también hizo dos becerros, uno en Dan y otro en Betel, como hemos visto. Es posible por tanto que el «dios» que hizo Aarón no fuera un único becerro, sino dos y que a Yahveh, al menos una parte de la comunidad hebrea, entendiera que se le podía adorar en forma de dos becerros (¿un macho y una hembra?). Entre los pueblos de alrededor de Israel muchos adoraban a dioses con forma de becerro, buey, vaca, toro, etc. como Apis, Hathor, Baal, etc. La fe de una parte de Israel, en la que había pueblos que no provenían del mismo linaje y posiblemente que no habían salido del mismo momento ni en las mismas condiciones de Egipto (recordemos la historia de las 4 madres distintas de los hijos de Jacob y sus intentos de armonizarlas en una especie de anfictionía sincrética) tenía que ser depurada. Lo cierto es que no hay consenso entre los investigadores, ni siquiera el muy erudito *NCB san Jerónimo* (a cargo del gran especialista Joseph Blenkinsopp para el libro del Éxodo) se acaba de decidir por una postura. Para un acercamiento a la tremenda importancia que para los judíos tiene la figura de Moisés y el Éxodo: André Chouraquí, *Moisés*, Herder, 1997.

[20]   Por ejemplo, los libros de los profetas más antiguos (Amós, Oseas) no nunca citan a Moisés, pero conocen el pacto y la ley de Yahveh. La propia expresión de Ley de Yahveh parece ser más antigua que la de «Ley de Moisés», pero podría ser un uso lingüístico de la época sin más importancia, es difícil de saber.

6. *Muchas veces era yo el único que iba a Jerusalén, con ocasión de las fiestas, tal como está prescrito para todo Israel por decreto perpetuo; en cobrando las primicias y las crías primeras y diezmos de mis bienes y el primer esquileo de mis ovejas, acudía presuroso a Jerusalén.*

Como estas prescripciones están en el libro de Levítico y hasta hace poco se afirmaba que este libro, y en general la Torá, no quedó escrita hasta el siglo IV a.C.[21] se decía que el libro de Tobit tenía que ser, necesariamente, posterior. Este es uno de los argumentos para datarlo tan tardíamente. Ciertamente el razonamiento no parece correcto porque es evidente que el estado israelita, fuera el del norte o el del sur (Judá) tenía que cobrar impuestos, como todos los estados del mundo, al menos desde que tuvieron rey, desde Saúl (*cf.* 1 Sm 8, 9-17). Y no es menos evidente que estos impuestos que tomaría el rey para sí y el estado, eran también aceptados para el culto sacerdotal, al menos desde que David, y después Salomón, lo convirtieron en algo mucho más complejo y caro. Quizás el Levítico, en su última redacción, como el resto de la Torá, se reescribiera en el siglo IV o en el V a.C., pero puede recoger tradiciones y leyes muy anteriores, puestas, o no, al día en cuanto al contenido legislativo[22].

7. *y se lo entregaba a los sacerdotes, hijos de Aarón, para el altar. Daba a los levitas, que hacían el servicio en Jerusalén, el diezmo del vino, del grano, del olivo, de los granados, de los higos y demás frutales; tomaba en metálico el segundo diezmo, de los seis años, y lo gastaba en Jerusalén.*

Son todas las prescripciones económico-religiosas que se mandan en los libros del Levítico, Deuteronomio, etc.

8. *Entregaba el tercer diezmo a los huérfanos, a las viudas y a los prosélitos que vivían con los israelitas; se lo llevaba y entregaba cada tres años, celebrando una comida con ellos conforme a lo que se prescribe en la Ley de Moisés y conforme a los preceptos que me dio Débora, madre de nuestro padre Ananiel, pues mi padre había muerto dejándome huérfano.*

Este precepto es importante y vincula las obras de caridad cristiana a su doble herencia: griega (algunos estoicos) pero sobre todo, judía. Es interesante también que

---

[21] No pudo ser después porque a comienzos del siglo III a.C. comenzó la traducción de la Septuaginta en Alejandría, ergo el texto hebreo tiene que ser anterior.

[22] Aunque no ha sido aceptada por todos, ya que niega muchas de las atribuciones salomónicas a restos encontrados en Israel y porque desafía, adelantándola en el tiempo, la cronología de los escrituristas profesionales, la obra de Israel Finkelstein (director del Instituto de Arqueología de la Universidad de Tel Aviv) y Neil Asher Silberman *La Biblia desenterrada: una nueva visión arqueológica del antiguo Israel y de los orígenes de sus textos sagrados*, Ed. Siglo XXI, 2003 es una obra importante que pone en duda las dataciones tan tardías que los lingüistas daban para la Biblia. Por otro lado, la Torá recoge una evolución en los preceptos, desde aquellos que parecen referirse a un pueblo nómada y pastoril (sobre todo en el *Éxodo*) hasta los que claramente se refieren ya a un pueblo agrícola y sedentario (sobre todo en el *Deuteronomio*). Es decir, siglos después de que la situación de la mayoría de los israelitas no coincidiera ya con la de una nación nómada-pastoral, quien escribiera la Biblia en el siglo V-IV a.C. aún se tomó la molestia de recordar las primeras leyes de Dios. Sobre la evolución de las antiguas fiestas pastoriles y agrícolas en las fiestas del Señor véase: Roland de Vaux, *Instituciones del A. Testamento*. Herder, 2012.

se hable de prosélitos, es decir, aquellos que se están acercando al judaísmo, que ya participaban en algunas ceremonias y tradiciones pero que aún no habían sido circuncidados. La importancia del proselitismo judío, aunque se ha empezado a estudiar tarde, es cada vez más reconocida entre los estudiosos, y se da sobre todo entre los judíos más «espirituales» después de la destrucción de Jerusalén y en el exilio. En cuanto a los preceptos de Débora, su abuela, son también importantes. No solo por la preciosa historia familiar de amor que va trazando todo el libro, sino porque hasta que la Ley fue escrita, e incluso una vez escrita, el verdadero lugar de los mandamientos de Dios es el corazón del hombre, y allí se inscriben por la tradición oral que los mayores, «nuestros padres» en la expresión hebrea, nos transmitieron (Jr 31, 33: *Porque éste es el pacto que haré con la casa de Israel después de aquellos días, declara el Señor[23]. Pondré mi ley dentro de ellos, y sobre sus corazones la escribiré; y yo seré su Dios y ellos serán mi pueblo[24]*).

9. *Llegando a edad adulta, me casé con Ana, mujer de nuestra parentela; y ella dio a luz a Tobías.*

Que sea de nuestra parentela también es importante porque los judíos del tiempo anterior al mesías pensaban que éste vendría del linaje de los patriarcas, de modo que, recordando lo que Abrahán hizo al buscar esposa para su hijo Isaac, se casaban entre ellos[25] (*Cf.* Gn 24). Por otro lado, el uso de la primera persona del plural nos indica el tono docente-familiar del que cuenta la historia, que o bien se dirige a alguien de su familia cercana o bien a Israel al completo, que a fin de cuentas funciona, algo así, como un pueblo-familia.

10. *Cuando la deportación de Asiria, yo también fui deportado y me trasladé a Nínive. Todos mis hermanos y los de mi linaje comían los manjares de los gentiles,*

11. *más yo me guardé bien de comerlos.*

Ya vemos como el relato está ambientado posteriormente a la deportación a Asiria del pueblo de Israel (732 a.C.) y relacionada con ella. Sin embargo, por otras pistas del texto, que iremos viendo, se entenderá que el mismo, al menos como lo tenemos hoy en día en todos los manuscritos completos que hemos conservado, debió de redactarse

---

[23] Este es el Nuevo Pacto que los cristianos ven cumplido en Cristo.

[24] Este escribir en el corazón las palabras de Dios (*cf.* Dt 6, 6-9) es lo mismo que se dice en el N. T. que hacía María (Lc 2, 16-21, y no se dice de nadie más) que aquí se comporta como una judía ejemplar meditando la ley y las obras del Señor (Sal 77, 11-12).

[25] En realidad, esta idea judía perdió su sentido tiempo después de los patriarcas, porque el propio rey David tenía como bisabuela a Rut, que era moabita y no hebrea. Su descendencia además se mezcló con la de mujeres de otros pueblos, por ejemplo, el rey Salomón que tuvo 700 esposas y 300 concubinas (1 Re 11, 1-4), y su heredero, el rey Roboam, nació de Naamá la amonita (1 Re 14, 31). Tiempo después, cuando Esdras volvió del destierro aplicó estos decretos a la comunidad que se había quedado en la tierra cuando la deportación del pueblo a Babilonia, rompiendo los matrimonios e imponiendo un judaísmo nacionalista excluyente (Es 10, 1-44).

más tardíamente. Eso no quiere decir que no haya un fondo de verdad en la historia que nos narran sino que la última redacción fue posterior.

El hecho de comer los alimentos impuros que Dios había prohibido en el Levítico (Lv 11, 13-19) era grave porque las prohibiciones tenían el sentido ritual de expulsar la impureza. Impureza física, en un primer momento, que convertía a Israel en un pueblo santo que podía consagrarse al servicio de Yahveh e, incluso algunos de ellos –los levitas– al servicio del altar (*cf.* Ex 19, 6: «*Seréis para mí un reino de sacerdotes y una nación santa. Estas son las palabras que has de decir a los hijos de Israel»*. Por tanto, contaminarse con ellos hacía que Israel ya no fuera un pueblo separado, reservado para el servicio del Señor, sino uno más del mundo, acercándose bastante a la apostasía. (*Cf.* con la *Ley de Santidad* que se da en el *Levítico,* capítulos 17-26: una multitud de normas que Dios da para que Israel no sea como el resto de pueblos y en cambio se aproxime al Eterno[26].) Podemos decir que en la Biblia hay un doble camino, desde Abrahán hasta Juan el Bautista, Dios va profundizando la elección de Israel y separándolo de las costumbres de los paganos para santificarlo. Desde Jesús en adelante, habiéndose llegado a la plenitud de los tiempos, la Encarnación y la Nueva Alianza de la santidad plena de los hijos de Dios, la dinámica es la opuesta: ese nuevo Israel purificado hasta el extremo por el sacrificio de Cristo (*cf.* 1 Co 6, 11-19) ha de salir al encuentro evangelizador de las naciones[27] (Mt 28, 19-20).

12. *Como yo me acordaba de Dios con toda mi alma,*

Este acordarse de Dios es la respuesta a la gran oración-profesión de fe de Israel, el Shema: «*Escucha Israel, el Señor es tu Dios, el Señor es Uno, Bendito es el nombre de Su glorioso reino por y para siempre, Amarás al Eterno tu Dios con todo tu corazón, con toda tu alma y con toda tu fuerza. Y llevarás dentro del corazón estos mandatos que hoy te doy. Los inculcarás a tus hijos y hablarás de ellos cuando estés en tu casa, cuando viajes, cuando te acuestes y cuando te levantes. Y los tendrás atados como señal en tu mano y serán como frontales entre tus ojos. Los tendrás escritos en las jambas de las puertas de tu casa y en los portales de la ciudad»*.

Este amar a Dios es el que se dice también como acordarse del Señor (*Cf.* Eclesiastés 12, 1; Jo 2,7). Lo que se quiere expresar, por tanto, es que Tobit era un hombre justo que se acordaba siempre de Dios y sus mandamientos, aunque el resto de sus hermanos estuvieran apostatando.

---

[26]   Hasta tal punto fue importante estas dimensiones de segregación de Israel del resto de las naciones por la comida, las normas cultuales e incluso la intimidad física que en el N.T. se nos narra cómo, para que Pedro pueda romper tales tabúes, el Cielo mismo ha de intervenir (*cf.* Hch. 10, 13-14, sobre el alimento y Hch 10, 28, sobre el estar bajo el mismo techo que un *goy*).

[27]   Igualmente se abrogan las disposiciones sobre estar bajo el mismo techo que un no judío, como decíamos en la nota anterior, las disposiciones alimentarias, etc. y se hace por el reconocimiento de que es la voluntad de Dios a través del Espíritu Santo (*cf.* Hch 10, 44-47).

13. *me concedió el Altísimo gracia y favor ante Salmanasar, y llegué a ser procurador suyo.*

Nada más y nada menos que ante el gran rey asirio, Dios le dio a Tobit gracia. Aquí nos interesa la teología tradicional judía que expresa este texto: todas las cosas, las buenas (como vemos aquí) y las malas (como bien supo Job, *cf.* Job 2, 10) vienen de Dios. Las malas pueden ser fruto del castigo de Dios, pero también remedio medicinal (*Cf.* 2 Sm, 7, 14-16): «*Yo seré para él padre y él será para mí hijo. Si hace mal, le castigaré con vara de hombres y con golpes de hombres, pero no apartaré de él mi amor, como lo aparté de Saúl, a quien quité de delante de mí*». En cualquier caso, la teología hebrea de esta época mantiene que las buenas obras, el seguir el camino de Dios, cumplir su Ley, etc. hace que Dios nos mire con amor y nos permita obtener gracia ante Él, y nos beneficie en nuestra vida. Esta teología irá siendo modificada por otras visiones, como veremos.

14. *Me trasladé a Media y administré allí sus negocios hasta su muerte; y deposité en Ragués de Media, en casa de Gabael, hermano de Gabrí, unos sacos de plata por valor de diez talentos.*

Suponemos que esta sería la paga de Tobit por los años como administrador del rey. Media, cuya capital era Ecbatana, es una región bien conocida por los historiadores desde Heródoto. La primera referencia a bandas de guerreros provenientes de Media es del 858-824 a.C. con Salmanasar III. De allí llegaron los medos que derrotaron al imperio asirio, aliándose con los babilonios, en el 612 a.C. Vemos cómo los esfuerzos del escritor por situar geográfica y cronológicamente su historia no cesan. Muchos piensan que no es cierto que Tobit llegara a administrador personal de los bienes del rey, pero particularmente no nos parece que haya ninguna imposibilidad en ello, de hecho, a lo largo de la historia, con frecuencia, los reyes han utilizado a personajes de las minorías de sus estados para dirigirlos, entre otras cosas porque así era mucho más fácil usarlos como chivos expiatorios en caso de malestar popular[28]. Respecto a los talentos, un talento era una moneda (o unidad de medida monetaria para ser más exactos) especialmente utilizada en Babilonia y que, con posterioridad, se utilizó por todo el espacio persa y helenístico. El problema radica en que un talento pesaba 34 kg. Es decir, que Tobit le había dejado a Ragués unos 340 kg de plata[29]. Queremos someter a la consideración de los estudiosos la, a nuestro juicio, necesaria revisión de las unidades de medida de peso utilizadas en la Biblia. 340 kg de plata es realmente mucho para un particular, aunque no sea imposible (Se ha calculado su precio a día de hoy en unos 340 mil euros, pero

---

[28]   Por ejemplo, en la edad media hubo destacados judíos trabajando al más alto nivel tanto para dirigentes musulmanes como cristianos como Hasdai ibn Shaprut (915-970), Samuel ibn Nagrella (993-1056), Moisés ibn Ezra (1055-1138), Abraham ibn Ezra (1089-1167), Abraham ibn Daud, Abraham ben Meir ibn Ezra (1092-1167), Isaac Abravanel (1437-1508), etc.

[29]   Para el valor de la moneda y las dimensiones con que se trabaja en la gran economía antigua, véase: H Bengston, *Griegos y persas, el mundo mediterráneo en la edad antigua*. Siglo XXI, 1989.

como siempre no hay que tener sólo en cuenta el valor del metal sino el coste de la vida y esto es mucho más difícil de cuantificar).

15.   *Muerto Salmanasar, le sucedió en el trono su hijo Senaquerib; en su reinado, los caminos de Media se hicieron inseguros y no pude volver allí.*

Ciertamente en la época de Senaquerib la guerra se instaló por todo el imperio asirio, con continuas campañas en Egipto, Urartu, Elam, Babilonia, Jerusalén, los Zagros, Fenicia, etc[30]. La secuencia de reyes es un poco diferente a como la recoge este texto, a Salmanasar V le sucedió Sargón II (un usurpador) y a éste su hijo Senaquerib.

16.   *En los días de Salmanasar hice yo muchas limosnas a mis hermanos de raza;*

Ya hemos hablado de la importancia religiosa-caritativa-social de las limosnas en el mundo antiguo e Israel especialmente.

17.   *di mi pan a los hambrientos y vestido a los desnudos; y si veía el cadáver de alguno de los de mi raza arrojado extramuros de Nínive, le daba sepultura.*

Vemos como las obras que practica Tobit son las mismas obras de misericordia que luego recomendará la Iglesia (aunque ésta las ampliará). La situación debía de ser realmente terrible para los judíos bajo el dominio asirio, que por otro lado sabemos que fue un pueblo atroz[31], así se podían encontrar incluso judíos insepultos fuera de las murallas de *Nínive*. Da la sensación de que los asirios tenían casi impunidad para matar a los judíos deportados.

18.   Enterré igualmente a los que mató Senaquerib (cuando vino huyendo de Judea después del escarmiento que hizo contra él el Rey del Cielo, a causa de *sus* blasfemias. Senaquerib, en su cólera, mandó matar a muchos israelitas); y yo sustraje sus cuerpos y los enterré. Senaquerib los buscó sin encontrarlos.

Realmente Tobit se juega la vida por las obras de misericordia, ya que el fracaso de Senaquerib ante las murallas de Jerusalén debió de irritar al monarca asirio sobremanera y, de hecho, mandó matar a muchos judíos. Las blasfemias de Senaquerib las conocemos bien por varios textos de la Biblia como los capítulos 36 y 37 de Isaías, que parecen tener mucho en común con este texto del libro de Tobías (de confirmarse esto habría que retrotraer la cronología de este libro a un tiempo anterior a lo que solemos admitir). Tanto Beroso[32] y Heródoto[33], como Flavio Josefo siglos después, coinciden en

---

[30]   *Cf.* Mario Liverani, *El Oriente antiguo.* Ed. Crítica, 2012. Para sus incursiones en Israel puede verse el prisma de Senaquerib (también conocido como prisma Taylor) donde se narran desde el punto de vista asirio. Aquí se puede consultar su texto: https://web.archive.org/web/20130522073012/ http://oi.uchicago.edu/pdf/oip2.pdf

[31]   Mario Liverani: *Asiria, la prehistoria del imperialismo.* Ed. Trotta, 2022.

[32]   Aquí podemos encontrar su obra traducida al español: https://archive.org/details/bub_gb_ TI8KwFQsRsIC/page/n13/mode/2up?view=theater

[33]   Heródoto, *Historia.* Gredos, Madrid, (1977-89). *Cf.* Historia, Libro II; Flavio Josefo: *Antigüedades judías.* Libro X, cap. 1-2; *Contra Apión,* Libro I, 19-20.

que el ejército asirio sufrió algún descalabro, no queda claro debido a qué (las hipótesis van desde ratones hasta ángeles) que impidieron a los sitiadores tomar Jerusalén.

19. *Un ninivita fue a denunciarme al rey de que yo los había enterrado en secreto. Cuando supe que el rey tenía informes acerca de mí, y que me buscaba para matarme, tuve miedo y escapé.*

El hecho de que Tobit haya obtenido un puesto muy importante delante del propio rey y que lo use para ayudar a sus hermanos nos recuerda, obviamente, a la historia de José. Pero cometeríamos un error si por ello pensáramos que el hagiógrafo ha querido escribir una nueva historia de José, pero desplazándola al imperio Asirio. Lo cierto es que muchas veces a lo largo de la historia ha ocurrido así sin que por ello admitamos que es un relato literario; de hecho, en las cortes medievales de Castilla y Aragón, como ya dijimos, había judíos en puestos de la altísima administración, por no hablar de arzobispos conversos, médicos de reyes, teólogos conversos, etc[34].

20. *Me fueron arrebatados todos mis bienes; nada quedó sin confiscar para el tesoro real, salvo mi mujer Ana y mi hijo Tobías.*

Algún respeto tuvo por el pobre Tobit el salvaje Senaquerib.

21. *Aún no habían transcurrido cuarenta días, cuando Senaquerib fue asesinado por sus dos hijos, que huyeron luego hacia los montes Ararat. Le sucedió su hijo Asarjaddón. Asarjaddón puso a Ajikar, hijo de mi hermano Anael, al frente de las finanzas de su reino, de modo que dirigía toda la administración.*

Conocemos bien, en efecto, la revuelta que asesinó al rey por parte de dos de sus hijos y cómo Asarjaddón finalmente le sucedió[35]. Otra vez el relato es rigurosamente histórico en este punto. El nuevo rey, siguiendo el ejemplo de su padre, puso a otro judío al mando de la administración.

22. *Ajikar intercedió por mí y pude regresar a Nínive. Ajikar, de hecho, había sido copero mayor, custodio del sello, administrador y encargado de las finanzas bajo Senaquerib, rey de Asiria; y Asarjaddón le confirmó en los cargos. Era sobrino mío y de mi propia parentela.*

Parece ser que ya bajo la administración de Senaquerib, cuando el propio Tobit había tenido un cargo de gran importancia, su sobrino también participaba de tales honores. Son realmente cargos importantísimos en el imperio.

---

[34] Véase *Los judíos en la historia de España*. Javier Tusell y Ferrer Benimelli. Ed. Calatayud, 2003.

[35] Bottéro, Jean, Casin, Elena, y Vercoutter, Jean: *Los imperios del Antiguo Oriente III. La primera mitad del primer milenio.* Siglo XXI, 1990.

Capítulo 2

1. *En el reinado de Asarjaddón pude regresar a mi casa y me fue devuelta mi mujer Ana y mi hijo Tobías. En nuestra solemnidad de Pentecostés, que es la santa solemnidad de las Semanas, me habían preparado una excelente comida y me dispuse a comer.*

Para saber más sobre la solemnidad de las semanas, su evolución, etc. en Israel véase Roland de Vaux, *Instituciones del Antiguo Testamento*[36].

2. *Cuando me presentaron la mesa, con numerosos manjares, dije a mi hijo Tobías: «Hijo, ve a buscar entre nuestros hermanos deportados en Nínive a algún indigente que se acuerde del Señor y tráelo para que coma con nosotros. Te esperaré hasta que vuelvas, hijo mío.»*

A partir de ahora comienzan una serie de escenas y enseñanzas, distribuidas a lo largo de todo el libro, que a nuestro parecer son las que merecen que nos acordemos de este texto en el catolicismo. Bien sabemos que, tanto en los Evangelios como en el Nuevo Testamento en su conjunto, no aparecen citas literales del libro de Tobías. Pero eso no quiere decir, para nada, que muchas de sus enseñanzas no hayan pasado a la predicación de Jesús, el cual a su vez las vuelve a predicar haciéndolas propias. Jesús, como Mesías, se apropia de la tradición de su pueblo y le revela su definitivo significado.

Por ejemplo, esta escena de un banquete primoroso en el que el dueño manda a su hijo para buscar a aquellos de quienes se acuerda, con amor, en su destierro, se parece bastante a: «*También le dijo a su anfitrión: «Cuando ofrezcas una comida o una cena, no invites a tus amigos ni a tus hermanos, ni a tus parientes y vecinos ricos, no sea que ellos también te vuelvan a invitar, y quedes así recompensado. Al contrario, cuando ofrezcas un banquete, invita a los pobres y a los mancos, a los cojos y a los ciegos, y así serás dichoso. Porque, aunque ellos no te puedan devolver la invitación, tu recompensa la recibirás en la resurrección de los justos». (Lc 14, 12-14 y su par en Mt 18,4).* Es importante resaltar que las obras de caridad de Tobías se van a mantener y a exigir a los cristianos como signo distintivo propio (lectura histórico y moral del texto, es decir: Tobías hizo eso (histórica) y nosotros, herederos de la fe de Tobías, tenemos que hacer lo mismo (moral), pero además este texto se puede leer relacionado con el mesías —así lo hacían los padres de la Iglesia—: Tobit es el Padre, Tobías, el hijo mandado al mundo, es Cristo; los pobres, cojos, lisiados, etc. somos nosotros, los pecadores de este mundo y, el banquete al que Tobit por mandato de su Padre nos invita, es el reino de Dios (este es el sentido tipológico por el que toda la escritura refiere al Mesías, como reconocían en el tiempos de Jesús los mismos judíos). Ese *«para que coma con nosotros»* implica la nueva comunión del Dios Trino, aquí el Padre y el Hijo, con los hombres, como había ocurrido en el Génesis (cuando Dios se solazaba con su criatura Adán) y en Ex 24, 9-11 (la misteriosa comida de Dios con Moisés, Aarón, Nadab, Abiú y 70 de los ancianos de Israel).

[36] R. de Vaux: *Op. cit.*

En la enseñanza de Jesús ya no hace falta estar en el destierro: nosotros hemos de preferir a los pobres y a los que sufren incluso a los nuestros (aunque sin desatenderlos, ya que la caridad bien entendida empieza por los de casa pero no se termina allí, *cf. 1 Tim 5, 8*), porque ellos nos necesitan más, ese es el sentido de la caridad en el cristianismo, ir siempre por los últimos[37].

Fijémonos, para acabar, en la bellísima expresión del texto, ya que la belleza y las palabras de amor de este libro no son precisamente uno de sus menores encantos y nos habla del cuidado que el hagiógrafo ha tenido al escribir las palabras de la revelación: «Hijo, ve a buscar entre nuestros hermanos deportados en Nínive a algún indigente que se acuerde del Señor». Algún indigente que se acuerde del Señor, por si hay alguno, haciendo eco con el texto sobre Sodoma de *Gn. 18, 32*: «(... ¿y si hubiera allí 10 justos? Y *Dijo Dios: por consideración*[38] *a esos 10 justos, no la destruiría*»). Hay que tener presente que para los judíos del destierro, Nínive como luego Babilonia, como antes Sodoma o como para los cristianos Roma, son, en cierto sentido, las ciudades del mal, donde habitan sus feroces opresores, en todo opuestos a Dios, y donde todo vicio y perversión tienen su asiento. Quizás Roma siga existiendo porque se convirtió al Señor, o al menos esta es la idea que defiende S. Agustín en su celebérrima Ciudad de Dios.

3. *Fuese, pues, Tobías a buscar a alguno de nuestros hermanos pobres, y cuando regresó me dijo: «Padre.» Le respondí: «¿Qué hay, hijo?» Contestó: «Padre, han asesinado a uno de los nuestros; le han estrangulado y le han arrojado en la plaza del mercado y aún está allí.»*

En todas las culturas del mundo, incluso en el mundo de hoy, no dar sepultura a un muerto es un acto de máxima venganza. Exponer el cadáver de quien no se puede ya defender de ninguna forma, que está en la última postración y vergüenza –la del cuerpo muerto[39]– a la profanación de la cotidianidad, de los animales, de los demás hombres, etc. nos convierte en peor que las bestias. Incluso los enemigos pactaban tiempos de tregua en las batallas para enterrar a los muertos[40].

4. *Me levanté al punto y sin probar la comida, alcé el cadáver de la plaza y lo dejé en una habitación, en espera de que se pusiera el sol, para enterrarlo.*

A diferencia del entierro de Jesús que se hace a toda prisa antes de que caiga definitivamente el sol, aquí Tobías espera a que sea de noche, entendemos que para que no

---

[37] *Cf.* S. Juan Pablo II, *Solicitudo rei socialis*. San Pablo, 1998.

[38] Esta palabra se traduce en otras versiones por gracia, amor. Papa Francisco: misericordiae vultus, Acta Apostolicae Sedis, vol. CVII, pp. 399-426, Roma, 2015, etc.

[39] Sobre este asunto de la sepultura, y su relación con la necesidad de proteger y reintegrar al muerto, ha escrito brillantemente el filósofo Higinio Marín en *Teoría de la cordura, 2010*; *La invención de lo humano, 2007,* o *Mundus*, 2019.

[40] Recuérdese la hermosa historia que cuenta Heródoto sobre los griegos y los persas pactando una tregua para enterrar a los muertos tras la batalla de Platea (Historias, IX, 72).

le vean hacerlo ya que la costumbre judía era la contraria, enterrar a los muertos antes de que cayera el sol para que no pasaran la noche al raso.

5.   *Volví a entrar, me lavé y comí con aflicción*

6.   *acordándome de las palabras que el profeta Amós dijo contra Betel: Vuestras solemnidades se convertirán en duelo y todas vuestras canciones en lamento.*

Aquí tenemos una referencia más para poder fechar el texto. Ya había ocurrido el ministerio de Amos, que en principio profetizó durante el reinado de Joroboam II, rey de Israel, y de Ozías (o Uzías) en Judá[41]. Es decir, hacia mediados del siglo VIII a.C. Efectivamente, en el libro de Amos, se había profetizado la ruina de Israel y de su capital Samaría, como también del resto de reinos del alrededor, incluida Jerusalén (la cual se salvaría una primera vez de los asirios, pero caería bajo los babilonios más adelante). Las maldiciones de Dios vienen por el hecho de la apostasía de Israel, que va a adorar a otros dioses, pero también, y esto en esencial en el mensaje de casi todos los profetas, en el de la Torá y en el de Cristo (*cf.* Mt 22, 37-40), por abandonar a los pobres, torcer el derecho, sembrar la injusticia, recibir sobornos, abusar de la viuda, etc. Es decir, en el mensaje religioso de Israel y en el cristianismo católico, la adoración de Dios siempre está vinculada al servicio al prójimo, no pueden separarse. Si se separan –normalmente se sigue sirviendo a Dios, del que se esperan bienes, pero se olvida al prójimo pobre que no puede darlos– uno se convierte en un hipócrita cuya religión no vale nada (*1 Jn. 4, 20-21: Si alguno dice: «Yo amo a Dios», pero odia a su hermano, es un mentiroso. Pues el que no ama a su hermano a quien ha visto, ¿cómo puede amar a Dios, a quien no ha visto?*).

7.   *Y lloré. Cuando el sol se puso, cavé una fosa y sepulté el cadáver.*

8.   *Mis vecinos se burlaban y decían: «Todavía no ha aprendido. (Pues, en efecto, ya habían querido matarme por un hecho semejante.) Apenas si pudo escapar y ya vuelve a sepultar a los muertos.»*

La caridad de Tobías es heroica, le puede costar incluso la vida, pero él no cesa. En lenguaje católico diríamos que es un santo.

9.   *Aquella misma noche, después de bañarme, salí al patio y me recosté contra la tapia, con el rostro cubierto a causa del calor.*

Este tipo de narración es el que ha hecho protestar a muchos intérpretes afirmando que se trata de un relato literario y no de hechos reales, porque, en efecto, parece tener esa forma, pero es perfectamente posible que esto sea real, no hay dificultad alguna.

---

[41]   De ambos reyes se han encontrado registros arqueológicos, como sellos, referencias en cartas extranjeras e incluso una lápida que contuvo, o marcaba el lugar de los huesos de Ozías, reforzando otra vez la historicidad del texto.

10. *Ignoraba yo que arriba, en el muro, hubiera gorriones; me cayó excremento caliente sobre los ojos y me salieron manchas blancas. Fui a los médicos, para que me curasen; pero cuantos más remedios me aplicaban, menos veía a causa de las manchas, hasta que me quedé completamente ciego. Cuatro años estuve sin ver. Todos mis hermanos estaban afligidos; Ajikar, por su parte, proveyó a mi sustento durante dos años, hasta que se trasladó a Elimaida.*

La ceguera no sólo es uno de los peores males para el hombre, sino que es metáfora, también, de la muerte, del país oscuro en el que no se ve nada. Lo mismo se dice de los ídolos de los otros pueblos que no están «vivos como nuestro Dios» y, por tanto, no ven (Sal 115), etc.

Elimaida, también conocida como Susina (capital Susa) es una región del Próximo Oriente antiguo vinculada a Elam. Algunos historiadores fechan este libro por la inclusión de la provincia de Elymaida en el imperio parto (ca.- 247 a.C.) por tanto estaríamos en el siglo III para su última redacción. Lo cierto es que no conocemos tan bien los nombres del todas las regiones y subregiones del Próximo Oriente antiguo como para poder afinar con tal precisión cuándo aparece un nombre o desaparece otro, máxime en una zona donde, continuamente, nombres y pueblos parecen menguar para luego resurgir (como los acadios, los asirios, los babilonios, los caldeos, etc.). En este contexto de guerras entre los asirios y Elam, tiene todo el sentido histórico citar Elimaida[42]. Si Ajikar marchó hacia allá, teniendo en cuenta el altísimo cargo que tenía en la corte, debió ser que fue en misión política oficial. Sabemos que en tiempos de Asarhaddón se firmó la paz entre Asiria y el Elam, de modo que esta pudo ser la misión a la que fuera destinado Ajikar. De ser así podríamos afinar mucho las fechas: estaríamos en los años 680-672 a.C. (justo antes de la gran campaña contra Egipto del 671 a.C.).

11. *En aquellas circunstancias, mi mujer Ana, tuvo que trabajar a sueldo en labores femeninas; hilaba lana y hacía tejidos*

12. *que entregaba a sus señores, cobrando un sueldo; el siete del mes de Dystros acabó un tejido y se lo entregó a los dueños, que le dieron todo su jornal y le añadieron un cabrito para una comida.*

Este sistema de trabajar en casa hilando para «empresarios» que luego vendían la producción, duró en Europa hasta la época de la revolución industrial, que empezó a acumular a las mujeres en las fábricas, y con telares, para poder maximizar la producción y abaratar costes[43].

---

[42] Además, la famosa inscripción de Behistún (ca. 520 a.C.) del rey Darío I cita a los elimaitas y esto en el s. VI a.C. de modo que no hay por qué retrasar la cronología del texto hasta tiempos posteriores. Puede consultarse aquí: https://www.um.es/cepoat/cuneiforme/elamita/archivosreales/dario1/dario_i.html

[43] *Cf.* Jan de Vries, *La revolución industriosa*. Crítica, 2009.

El mes de dystros pertenece al calendario babilónico[44], otro elemento más para ubicar la escritura del libro en la zona del imperio persa y no en Egipto, como se hace habitualmente. Es cierto que, por sí mismo, este calendario se usó durante tanto tiempo (prácticamente todo el primer milenio a.C.) y en tantas zonas de Próximo Oriente que no es un dato definitivo, pero sí es un indicio más, como el arameo, la topografía y el propio relato.

13.   *Cuando entró ella en casa, el cabrito empezó a balar; yo, entonces, llamé a mi mujer y le dije: «¿De dónde ha salido ese cabrito? ¿Es que ha sido robado? Devuélvelo a sus dueños, porque no podemos comer cosa robada.»*

A pesar de la pobreza en la que ha caído, de la falta de su protector, su sobrino Ajikar, y de la ceguera que le consume, Tobit no quiere nada robado, quiere seguir siendo un israelita fiel a Dios hasta el heroísmo.

14.   *Ella me dijo: «Es un regalo que me han añadido a mi sueldo.» Pero yo no la creí; ordené que lo devolviera a los dueños y me irrité contra ella por este asunto. Entonces ella me replicó: «¿Dónde están tus limosnas y tus buenas obras? ¡Ahora se ve todo bien claro!»*

Esta especie de maldición de la esposa de Tobías a su marido, exasperada por el lugar al que han descendido, tiene un exacto paralelo en las acusaciones de la mujer de Job a Job (*Cf. Job. 2,9*) Como la historia de Job era una historia conocida en muchas partes de Oriente Medio (aunque en diferentes versiones), no sería raro que el autor aquí quisiera mostrarnos otra solución al problema del justo sufriente que había planteado en toda su crudeza el libro de Job y cuyo final no queda muy claro. Estamos posiblemente en una época posterior al libro de Job, si aceptamos el esquema interpretativo de que, en general, los tiempos se van dulcificando. Allí la mujer de Job no le dice «ahora se ve todo bien claro» sino un terrible «maldice a Dios y muérete». Del mismo modo, Job perderá a sus hijos, y luego se le darán otros, pero no los mismos, y eso difícilmente consuele a un corazón ya más tierno. Este libro, en parte, como el esfuerzo de los salmos (se ha dicho que el libro de Job es un súper salmo[45]) intenta responder a esta angustia incomprensible del mal en la vida del hombre bueno. El gran drama del justo o el inocente sufriente.

---

[44]   Aquí tenemos incluso un conversor de los meses y los años babilónicos: https://www.instonebrewer.com/TyndaleSites/Egypt/ptolemies/chron/babylonian/chron_bab_cal_fr.htm
[45]   *Cf.* J. Ratzinger: Introducción al cristianismo. Sígueme, Salamanca, 2023.

Capítulo 3

1.   Anegada entonces mi alma de tristeza, suspirando y llorando, comencé *a orar con gemidos:*

Esta es una forma de llorar muy propia de los pueblos orientales y que se refleja en multitud de pasajes en la Biblia, desde los salmos al llanto de Raquel (*cf.* Jr 31, 15).

2.   *Tú eres justo, Señor, y justas son todas tus obras. Misericordia y verdad son todos tus caminos. Tú eres el Juez del Universo.*

Fijémonos como el planto de Tobías empieza de la misma manera que tantos otros salmos y textos de lamentación en la Biblia. Una vez que el orante se encuentra hundido en su situación, se acuerda de Dios y eleva hasta Él su voz. Esto siempre comienza con una alabanza al Altísimo[46] en la que no solo se le tributan los apelativos habituales en otras culturas, sobre su poder o grandeza, sino que Israel siempre clama a su misericordia y su justicia (santidad de Dios[47]). Recordemos que la palabra que nosotros traducimos por justo, «*qadosh*», en hebreo significa santo. El Justo y el Santo son el mismo, el único Bueno[48] (*cf. Mc 10, 18*).

Este primer verso es un resumen maravilloso de la devoción de los judíos para con Dios. El «*justas son todas tus obras*», tiene una implicación teológica profunda: quiere decir que todas las obras de Dios son santas, misericordiosas y verdaderas, incluso las que nos puedan parecer un mal. Aquí se muestra una veta valiosísima de la teología de Israel: todo el universo, todo acto, toda persona está imbuido de la santidad, la justicia y la verdad de Dios, aunque al ser humano se le aparezca como mal y sufrimiento. Esto está en relación con el versículo 10 del segundo capítulo de Job: «*si aceptamos de Dios los bienes, ¿no vamos a aceptar los males?*». Estamos empezando a entrar en el misterio de la Providencia de Dios con los hombres. Sabemos que todas ellas son para nuestro bien[49], pero resultan ser un gran misterio, y hasta ocasión de escándalo y caída, las que a nosotros nos parecen injustas o nos procuran sufrimientos. El sobreponerse a estos

[46]   En esto se nota la gran piedad de Israel, incluso en el más extremo sufrimiento, lo primero es alabar a Dios.

[47]   En esto se nota mucho que el islam es un derivado del judaísmo, pues recordemos que la *Bismillah* con la que comienzan todas las suras del Corán, salvo la novena, dice así: «*En el Nombre de Allah, el Clemente, el Misericordioso*». Que debido a la teología islámica sobre los atributos de Dios, podría traducirse como: *Por el nombre del Dios* (elusión de su nombre propio) *el único absolutamente clemente y el único absolutamente misericordioso.*

[48]   De todos estos apelativos bíblicos provienen los famosos 99 nombres de Allah en el islam y el centésimo que, aunque ellos no lo sepan, es *Yahveh* (y es secreto porque los judíos mismos no lo pronunciaban después de la destrucción del templo, y por eso se perdió su pronunciación original). https://www.islamic-relief.es/99-nombres-de-allah/

[49]   *Cf.* Romanos 8, 28: «*y sabemos que para los que aman a Dios, todo les ocurre para su bien, conforme al propósito para el que han sido llamados*».

pensamientos y seguir confiando en Dios es lo propio de los grandes santos, o como dice *Job 13, 15: «aunque me dé a gustar la muerte, esperaré en él».*

3. *Y ahora, Señor, acuérdate de mí y mírame*[50]. *No me condenes por mis pecados, mis inadvertencias y las de mis padres. Hemos pecado en tu presencia, 4. no hemos escuchado tus mandatos y nos has entregado al saqueo, a la burla, al comentario y al oprobio de todas las gentes entre las que nos has dispersado.*

Hermosísimo resumen de la situación tanto de Tobit como de su pueblo. Otro argumento para no fechar este texto, en su origen al menos, en el siglo II a.C., como opinan algunos escrituristas, cuando Israel vivía otra vez en Canaán bajo sus leyes (como ocurrió tras la revuelta de los Macabeos) sino en una situación de exilio y vejación. Tobit reconoce que ha pecado, tanto él como Israel y que, por tanto, su situación es justa, no hay rebeldía contra Dios. Ésta es una de las más nobles vetas del alma de Israel. El fiel, incluso en la desgracia, no condena a Dios, no se revela como hizo Satán[51], sigue amando y aceptando a Dios y su justicia, pero apela a su Misericordia.

Este acordarse de mí y compadecerme, que el orante le pide a Dios, es también otro de los pilares de la oración de Israel: aparece en multitud de salmos, en el libro de las Lamentaciones o el propio Magníficat de María, que es una respuesta al acordarse de Dios por su pueblo, la humildad o humillación de su nación y la obra de salvación (*«cosas grandes ha hecho el Poderoso en mí» Lc 1, 49*). Recordemos que María es también personificación de la Iglesia y por tanto del Israel purificado que acoge la acción salvadora de Dios.

---

[50] En cierto sentido, muy profundo, este texto tiene su respuesta definitiva en el *nunc dimitis* del anciano Simeón cuando ve al niño Jesús (*Lc 2, 25-35*): *«29. Ahora, Señor, puedes, según tu palabra, dejar que tu siervo se vaya en paz; 30.porque han visto mis ojos tu salvación, 31.la que has preparado para que la vean todos los pueblos, 32.luz para iluminar a los gentiles y gloria de tu pueblo Israel.».* Si Tobit pide la muerte para poder olvidar las injurias que sufre y si Tobit representa a la parte más santa de Israel, que desesperado se ve en el oprobio y el exilio, Simeón, que ha pasado su vida buscando ver la salvación de Dios sobre su pueblo, conoce finalmente al Salvador de Dios (*«porque han visto mis ojos tu salvación»*). Esto responde a un tema profundo que se va delineado cada vez más en la Biblia y que tiene mucho que ver con la obra del mesías: la restauración de Israel (fijémonos cómo, incluso tras la resurrección, lo último que le preguntan los discípulos a Cristo es si es entonces cuando va a restaurar Israel. Con Cristo, después del interregno de la monarquía puramente humana, Dios va a volver a reinar sobre su pueblo. Dios y hombre verdadero. *Cf. Hch 1, 6*) sólo que no es una restauración nacional (según el patrón de los reyes que suponían la negación de Dios, como avisó el mismo Altísimo en 1 Sm 8, 7 –y que es en último término una de las cuestiones por las que rechazaron a Jesucristo, porque no querían que Dios reinara sobre ellos, como ya le habían dicho sus padres al profeta Samuel–. Ellos ya tenían rey, el César (*Jn 19, 15: ... a vuestro rey voy a crucificar? Le respondieron los principales de los sacerdotes, nosotros no tenemos más rey que el César*).

[51] El *Shaitán* en el Corán. Parece claro que los musulmanes que quieran conocer su fe deberían leer mucho más la Biblia de lo que lo hacen, o no entenderán la historia del *Shaitán* contra los hombres y su verdadero carácter.

4. *Pero cierto es, Señor, que todas tus sentencias a la verdad responden cuando me trata según mis pecados y los de mis padres; porque no hemos cumplido tus mandatos, y no hemos caminado en la verdad delante de ti.*

Esta realidad de reconocer el pecado, abunda en los santos de la Biblia, en el salmo 51, por ejemplo, también se afirma así (*Ten piedad de mí, oh Dios, conforme a tu compasión; conforme a la multitud de tus tiernas misericordias, borra mis transgresiones. 2 Lávame por completo de mi maldad y límpiame de mi pecado. Porque yo reconozco mis transgresiones, y mi pecado está siempre delante de mí. Contra ti, contra ti solo he pecado, y he hecho lo malo ante tus ojos*) mientras que en el 50 (50,15) Dios le dice a su pueblo en el orante: «*invócame en el día de la angustia; Te libraré, y tú me honrarás*». Por tanto, vemos como el libro de Tobit está en total continuidad con la teología y la expresión bíblica, con sus sentimientos y enseñanzas, y no se comprende bien por qué para algunos no está en el canon.

Cuando la Iglesia católica mande el rito de la penitencia, de la confesión, de la reconciliación con Dios, siempre mandará, tomado del ejemplo de Israel, de la Biblia como vemos, el reconocimiento de nuestro pecado: dolor de los pecados ciertamente leemos en estos textos de Tobías.

Por otro lado, si queremos fechar este texto según la metodología que tantos usan en el estudio de la Escritura (normalmente para intentar fechar los textos lo más tardíamente posible) tendríamos que decir que ya que manifiesta que su situación proviene del pecado de sus padres (además de los suyos), este texto ha de ser anterior al libro de Ezequiel (comienzos del s. VI a.C. escrito precisamente en el exilio babilónico) en el que ya se dice que nadie morirá por los pecados de otro (*Cf. Ez. 18, 20*) y lo mismo se repite en el libro del Deuteronomio fechado, según la mayoría de los eruditos, entre los siglos VII y V a.C. Esto invalidaría la tesis de que es un libro escrito en los siglos III a.C.-I d. C. como a veces se afirma.

Reconozcamos otra vez las metáforas que tanto se usarán en el Nuevo Testamento: camino, caminar en verdad, «*Yo soy el camino, la verdad y la vida*» (*Jn 14,6*), etc. Jesús es el que recoge ciertamente esta tradición de Israel, hasta el punto de que a los que siguen su revelación se les denominará al principio «el camino» o «*los que siguen el camino*», como dijimos (*cf. Hch 9,2*).

5. *Haz conmigo ahora según lo que te plazca y ordena que reciban mi vida para que yo me disuelva sobre la faz de la tierra, porque más me vale morir que vivir. Tengo que aguantar injustos reproches y me anega la tristeza. Manda, Señor, que sea liberado de esta aflicción y déjame partir al lugar eterno, y no apartes, Señor, tu rostro de mí, pues prefiero morir a pasar tanta aflicción durante la vida y tener que seguir oyendo injurias.*

Este final, sumamente patético, humano, de un corazón como cera derretida que dice la Biblia en otros lugares (*Sal 22, 14*), tiene otra vez mucho que ver con Cristo. También él tuvo que aguantar injustos reproches, calumnias, insultos y burlas (*cf. Mt 27, 27-50*) y también a él le anegó la tristeza (*Mt 26, 38: «mi alma está triste hasta la muerte, quedaos aquí y velad conmigo»*).

Sin embargo, es importante recalcar que Tobías no se quita la vida, pide a Dios que se la quite, como el perseguido Elías había hecho camino del Horeb (*1 Re 19, 4: ... ya basta Señor, déjame morir que no soy mejor que mis padres*»). Incluso Moisés le pidió al Altísimo morir (*cf. Num. 11, 15*) hasta el punto de que podríamos decir que uno de los rasgos del verdadero profeta es ser atacado del mundo, incluso por los propios (*cf. Mt 23, 31*: «*y así dais testimonio en contra de vosotros mismos que sois hijos de los que asesinaron a los profetas*[52]».

Otra vez el reconocimiento del pecado propio, del de Israel («mis padres») y la petición a Dios que acabe con su vida, porque un judío piadoso sabe que la vida es un don de Dios, por Él ha sido creada y dada, y por tanto nosotros no tenemos autoridad para acabar con ella. Es por esto que la Iglesia ha considerado siempre un pecado contra Dios el suicidio, aunque en la aflicción más extrema estos hombres piden a Dios que acabe ya con su sufrimiento. También en la total desolación siguen reconociendo a Dios y su soberanía. Evidentemente este pasaje tiene un enorme eco en el pasaje de Cristo en Getsemaní (como aquí, Cristo intensifica su oración en su agonía: *cf. Lc 22, 39-46*), como lo tiene el libro de Job o la «pasión» de José vendido por sus hermanos y casi muerto por ellos (*cf. Gn 37, 18-35*).

6.   *Sucedió aquel mismo día, que también Sarra, hija de Ragüel, el de Ecbatana de Media, fue injuriada por una de las esclavas de su padre,*

En esta versión se traduce por Sarra pero en muchas otras es Sara. Nosotros cambiaremos el nombre por el de Sara por ser mucho más conocido –e igualmente aceptable– para el lector español. Ragüel, por su parte, significa amigo de Dios, el que desea a Dios, etc[53].

Sobre Media, patria de los medos que acabaron con el imperio babilonio, ya dijimos antes lo esencial. Ecbatana fue la capital de Media hasta que Ciro II el grande, la conquistó en el año 549 a.C. Como no se hace referencia a este hecho, deberíamos suponer, en principio, que el texto es anterior a esta fecha, o al menos se sitúa literariamente así. Ecbatana fue una ciudad extremadamente importante de la Antigüedad, riquísima y muy populosa, no estamos hablando de una aldea o una ciudad menor. Posteriormente fue la ceca del imperio parto, con la enorme riqueza que eso suponía.

7.   *porque había sido dada en matrimonio a siete hombres, pero el malvado demonio Asmodeo los había matado antes de que se unieran a ella como casados. La esclava le decía: «¡Eres tú la que matas a tus maridos! Ya has tenido siete, pero ni de uno siquiera has disfrutado.*

Una injuria por parte de un esclavo es algo excepcionalmente humillante, más en una sociedad en la que los amos tenían un poder tan grande sobre ellos. Conviene saber, de todos modos, que esta sociedad no era la de la Grecia helenística o la romana, en la

---

[52]   Este es uno de los mayores argumentos del judaísmo y del cristianismo para no aceptar a Mahoma como profeta: los profetas, si es necesario, mueren a espada, no matan con la espada, al menos no desde Elías.

[53]   De hecho, no sería una traducción descabellada Teófilo, nombre al que san Lucas dirige su evangelio.

que la condición de los esclavos se degradó cada vez más[54], mientras que en el mundo semita y griego anterior, muchas veces, estos esclavos eran considerados parte de la familia[55]. Digamos que en la historia de la esclavitud hay un proceso de deshumanización del esclavo que alcanza su cénit en las grandes guerras de conquista de Roma[56], o en el trato que asirios y babilonios daban a los pueblos sometidos, pero no era ese el trato al siervo doméstico-familiar de las familias extensas de la Antigüedad (*cf.* con cómo Abrahán trata a su siervo Eliezer en el libro del Génesis, capítulos 15 y 24. Eliezer de Damasco iba a ser el heredero de todos los bienes de Abrahán)[57].

En cuanto al demonio Asmodeo es un demonio bien conocido en la tradición y, como vemos, de raíz (-deo/deva) indoeuropea. Esto volvería a apuntar a la idea de que estamos ante un texto no escrito ni en Asiria, país de lengua semita, ni en la época del imperio neobabilónico, sino después, cuando los medos y persas indoeuropeos ya se han hecho con Oriente Medio expandiendo sus creencias. Este demonio, por tanto, pasó desde la religión irania de los medo-persas al judaísmo. Ello nos permitiría fechar este texto entre los siglos VI y IV a.C., y si este texto no se escribió en esta época (y seguimos sin compartir los argumentos del por qué) el autor que lo escribió sabía mucho de arqueología, historia y lenguas de aquellos siglos[58]. Igual que hizo con los baales o hará después el cristianismo con las divinidades romanas, el judaísmo toma estos poderes como malignos invariablemente[59].

Volviendo a Asmodeo, Raphael Patai y Robert Graves[60] nos narran el mito en el que este Asmodeo es hijo de la unión perversa entre Adán y Lilith, otro dios, en este caso diosa, sumeria, demoníaca, asociada a la noche, la enfermedad, la muerte, los cuervos, etc. Por tanto, los israelitas lejos de adoptar las creencias de los pueblos que les rodean,

---

[54]   Véase el clásico del gran historiador ruso Mijaíl Rostovzeff: *Historia social y económica del impero romano*, II vols. Austral, Madrid, 1998.

[55]   Como se ve en el trato que tiene Ulises con su porquero (canto XIV) o Penélope con sus domésticas (canto XIX). *Cf.* Homero: *Odisea*. Gredos, 2014.

[56]   En especial desde las guerras púnicas en adelante, hasta mediados del siglo I a.C. Posteriormente, la situación de los esclavos empezó a mejorar y se hizo tan común la liberación de los mismos que el propio Augusto tuvo que dar leyes para evitar una excesiva manumisión que estaba afectando al mercado de trabajo y a los precios. Véase P. López Barja file:///C:/Users/JNegueruela/Downloads/girea_0000-0000_2008_act_30_1_1036.pdf

[57]   Es cierto que en la propia Roma, hasta finales del s. III a.C., la esclavitud era escasa, los siervos podían comer en la mesa de su señor y la relación era mucho más familiar de lo que luego llegó a ser. Conforme las grandes guerras de los dos siglos finales de la república introdujeron miles de esclavos en el sistema social y económico romano, su situación se degradó y no comenzó a mejorar hasta los tiempos de César y Augusto.

[58]   Algunos opinan que podría ser el demonio *Aeshma Daeva* de la religión zoroástrica, el demonio de la ira.

[59]   Véase la *Preparatio evangelica* de Eusebio de Cesarea, vol. 1 Eusebio de Cesarea, *Preparatio Evangelica*. 2 vols. BAC. 2011.

[60]   Véase Raphael Patai y Robert Graves, p. 92: *Los mitos hebreos*. Alianza editorial.

está denigrándolas aún más. El Asmodeo medieval es un demonio lujurioso, ya que Lilith también fue una diabla lujuriosa, de ellos descienden los súcubos e íncubos. Un demonio enamorado de una de las hijas de los hombres no es un *unicum* en la Biblia, sino que ya había aparecido en el Génesis, si interpretamos bien el pasaje Génesis 6, 2-12:

«*los hijos de Dios*[61] *vieron que las hijas de los hombres eran hermosas, y tomaron para sí mujeres de entre todas las que les gustaban. (...) Y había gigantes en la tierra en aquellos días, y también después, cuando los hijos de Dios se unieron a las hijas de los hombres y ellas les dieron a luz hijos. Estos son los héroes de la antigüedad, hombres de renombre. 5 Y el Señor vio que era mucha la maldad de los hombres en la tierra, y que toda intención de los pensamientos de su corazón era sólo hacer siempre el mal*».

Esta es una unión tan contra natura que engendró una raza de seres que, llenando la tierra de violencia, llevaron a Dios a tener que destruir el mundo de entonces, de donde sólo se salvaron Noé el justo y su familia. Para todo israelita, leer este pasaje del libro de Tobías tenía que ser realmente duro porque estaba recordando la mayor abyección y maldad en el que podía caer una mujer y el terrible destino que ya le sobrevino al mundo una vez por este tipo de uniones[62].

8. *¿Nos castigas porque se te mueren los maridos? ¡Vete con ellos y que nunca veamos hijo ni hija tuyos!»*

La imprecación de que Sara es la que acaba con sus maridos llega hasta el punto de una maldición en toda regla, que Sara no puede desmentir ante la evidencia de los maridos muertos. La maldición a la esterilidad, símbolo de muerte y destrucción en toda la Biblia (entre otras cosas porque va en contra del primer mandamiento-don que Dios le dio al hombre: *«creced, multiplicaos y llenad la tierra»*, Gn 1, 28) es la maldición más dura posible. Sara se encuentra en su Getsemaní particular, en el valle de las sombras

---

[61]   Este «*los hijos de Dios*» podrían ser los demonios como ángeles caídos; en el texto original se les llama *nephilim*, y podría ser que también se hiciera referencia a ellos en otros textos de la Biblia como *Ezequiel 32:27, Judit 16:6, Eclesiástico 16:7, Baruc 3:26-28 y Sabiduría 14:6*. También, cuando en el libro de los Números los espías enviados por Moisés descubren a una gente enorme que habitan en Canaán a los que llaman *anaquitas* (hijos de Anaq) y a otros que se llaman *refaítas*, podría ser que se estuvieran refiriendo a los últimos descendientes de esa raza, aunque la mayoría de los estudiosos piensa que esta gente ya nada tenía que ver con los *nephilim*, que quedaron destruidos tras el diluvio. De todos modos, es posible que todas estas especulaciones pseudomísticas tengan explicaciones mucho más sencillas como recuerdos de neanderthales o híbridos de neanderthales y humanos (quizás haya que interpretar así también los cíclopes de la Odisea), que quedaron en la memoria popular. Hoy sabemos que, en efecto, neanderthales y humanos modernos convivieron durante miles de años en Europa incluso mezclándose sexualmente (genéticamente). El atribuir su final al diluvio puede ser el resultado, simplemente, de aunar dos relatos universalmente conocidos: la existencias de esos semihombres antiguos y poderosos y el gran diluvio que asoló la tierra.

[62]   El reverso de esta realidad es el Hijo de Dios que nace de una virgen sin comercio carnal, encarnando el Mesías.

de la muerte, como Tobit: la ceguera en el varón, símbolo de la muerte y la esterilidad femenina símbolo de la destrucción igualmente. La maldición de la esposa de Tobit a éste es paralela a la de la esclava a Sara.

9. *Entonces Sarra, con el alma llena de tristeza, se echó a llorar y subió al aposento de su padre con intención de ahorcarse. Pero, reflexionando, pensó: «Acaso esto sirva para que injurien a mi padre y le digan: "Tenías una hija única, amada y se ha ahorcado porque se sentía desgraciada." No puedo consentir que mi padre, en su ancianidad, baje con tristeza a la mansión de los muertos. Es mejor que, en vez de ahorcarme, suplique al Señor que me envíe la muerte para no tener que oír injurias durante mi vida.»*

Otra vez vemos la enorme ternura de este libro. A pesar de la terrible situación por la que pasa la joven, la piedad gana su corazón y no se atreve a levantar su mano contra si misma por las injurias y las dolorosas palabras que atribularían el corazón de su padre. El tema de las injurias es tremendamente importante en las sociedades de honor[63] que se basan en él de una manera que a los hombres posteriores a la revolución liberal-económica-sexual del mundo moderno nos es casi imposible comprender.

Recuérdese también lo dicho sobre la soberanía de Dios sobre la vida humana, que somos criatura de Él y obra de sus manos. Hay que tener siempre en cuenta que, en la perspectiva bíblica, la vida es una bendición y, por tanto, acabar con ella es un acto maldito. Sara, que no puede aguantar ya más, pide a Dios que le quite la vida, pero no osa levantar su mano contra ella misma, porque sería levantarla contra la obra y la voluntad de Dios.

10. *Y en aquel momento, extendiendo las manos hacia la ventana, oró así: Bendito seas tú, Dios de misericordias, y bendito sea tu Nombre por los siglos, y que todas tus obras te bendigan por siempre.*

Este extender las manos puede no tener más importancia o quizás extenderlas en dirección a Jerusalén como apuntan algunos comentarios. En cualquier caso, extender las manos hacia adelante o hacia el cielo como gesto de súplica está atestiguado en todas las religiones de la humanidad (como en tantas pinturas prehistóricas). Por otro lado, al hacerlo hacia la ventana (por tanto, estaba bajo techo —obra humana—) puede significar querer hacerlo bajo el cielo, el «techo» que ha hecho Dios, porque es el lugar adecuado para ello, para que nuestras oraciones «suban» hasta el Señor.

---

[63] Véase *El concepto del honor en la sociedad mediterránea,* editado por J. G. Peristiany. Ed. Labor, 1968. En japón la situación es, si acaso, aún más dura: Véase con *Los 47 Ronin, historia de los leales samuráis de Ako,* de Tamenaga Shunsui Satori, 2014. Pero igualmente sigue siendo semejante la situación en el islam, singularmente en Pakistán: https://www.amnesty.org/es/latest/news/2023/11/pakistan-authorities-must-intensify-pressure-to-end-impunity-of-tribal-councils-as-honour-killings-continue-unabated/

Es importante volver a ver cómo Sara, en medio de su agonía, comienza con una bendición a Dios, al que llama Dios de Misericordias casi como si fuera un nombre propio, como había hecho Tobit.

11. *Vuelvo ahora mi rostro y alzo mis ojos hacia ti. 13. Manda que yo sea librada de la tierra, para no escuchar ultrajes. 14. Tú sabes, Señor, que yo estoy pura de todo contacto de varón; 15. que no he mancillado mi nombre ni el nombre de mi padre en la tierra de mi cautividad. Soy la única hija de mi padre; no tiene otros hijos que le hereden, no tiene junto a sí ningún hermano ni pariente a quien me deba por mujer. Ya perdí siete maridos: ¿para qué quiero la vida? Si no te place, Señor, darme la muerte, ¡mírame con compasión! y no tenga yo que escuchar injurias.*

Sara expone su caso ante Dios con los acentos patéticos propios del sufrimiento. En efecto, estamos en la tierra de la cautividad, Israel no se encuentra en su país, otro dato más para fechar y ubicar el texto fuera de Palestina y de los siglos II-I a.C. como dijimos. No hay hombre que vaya a continuar el linaje de Ragüel, ni por línea directa ni por levirato[64]. En cualquier caso, Sara sabe que es inocente y le pide a Dios una respuesta. Vemos como es propio de la Biblia que las personas que aceptan la voluntad de Dios discutan con él, exponiéndoles su caso y pidiendo que se apiade de ellos, como se ve en las historias de Moisés, Elías, Jeremías, Jonás, Job, Jesús etc. Hay algo de incomprensión de la voluntad de Dios —a la que estos justos están entregados— que les perturba por el exceso de sufrimiento que les está tdado arrostrar.

16. *Fue oída en aquel instante, en la Gloria de Dios, la plegaria de ambos 17. y fue enviado Rafael a curar a los dos: a Tobit, para que se le quitaran las manchas blancas de los ojos y pudiera con sus mismos ojos ver la luz de Dios; y a Sarra la de Ragüel, para entregarla por mujer a Tobías, hijo de Tobit, y librarla de Asmodeo, el demonio malvado; porque Tobías tenía más derechos sobre ella que todos cuantos la pretendían. En aquel mismo momento se volvía Tobit del patio a la casa, y Sarra, la de Ragüel, descendía del aposento.*

La Gloria de Dios, la *Sekinah* o *Shejiná*, es la presencia de Dios[65], para los cristianos el Espíritu Santo, la presencia de Dios, el hacer morada de Dios en algo o alguien. Así se dice que el templo de Salomón estaba lleno de la presencia de Dios[66] (*cf. 1 Re 8, 10-13*), o la Virgen María estaba llena de Gracia (*cf. Lc 1, 28*) que debería entenderse como: «Alégrate

---

[64] ¿Sería posible que este texto sobre una mujer acosada por un demonio que le ha matado 7 maridos tenga un eco en la mujer de la que Jesús expulsó 7 demonios (*cf. Lc 8, 2*)?

[65] La presencia de Dios siempre es gloriosa por definición, del mismo modo que toda acción de Dios, también su Justicia, es Misericordia. Por cierto, que quizás tenga algún interés recordar que la presencia de Dios, la *Shekinah* y la sabiduría de Dios, que son manifestaciones casi inseparables de Dios mismo, en hebreo son femeninas, como *Ruaj*, espíritu.

[66] Como luego el cenáculo de los 12 y María, se llenará de la nueva presencia de Dios, del Espíritu Santo, reconstruyendo ahora el verdadero templo de Dios en el Espíritu de la Verdad (*cf. Hch 2, 1-21*).

(con la alegría del Cielo), el Señor está en ti, ha hecho morada en ti», como luego dirá Jesús que su Padre y él harán con quien le ame, «*Jesús respondió y le dijo*: «*Si alguno me ama, guardará mi palabra, mi Padre lo amará, y vendremos a él, y haremos en él morada*» (*Jn 14, 23*). Es una intensificación de lo que el Altísimo le había prometido tantes veces a Israel (*cf. Dt 14, 23*)[67], a Moisés (*cf. Ex, 3, 12*) o a Isaías (*cf. Is 41, 10*). Normalmente estas presencias de Dios vienen acompañadas de signos externos o internos que el orante reconoce o por los que puede preguntar para reconocerla.

Debemos reflexionar, un momento, sobre esta cuestión de un demonio «enamorado». Sabemos, sin duda, que los demonios no aman, precisamente por eso son demonios, seres que odian, no que aman. Es fácil tomarse esta historia como una historieta, casi como un cuento de *Las mil y una noches*, pero aquí el sentido es muy otro. En realidad, lo que vemos es un ser dominado por su propia ira y deseo de posesión, de sumisión que, al ser incapaz de materializar con Sara, por no ser propiamente un ser corporal, cae en el asesinato de los pretendientes de quien él considera su posesión. La revelación moral que se nos está haciendo es mucho más importante de lo que parece. La lujuria física no debe de ser una fuente de sufrimiento para un ser incorpóreo, pero existe una lujuria no de la carne sino del espíritu, una lujuria de la posesión y de la sumisión del otro a nuestra voluntad, de ver sufrir y regodearse en ello, de frustrar sus aspiraciones vitales, etc. la cual, cuando llega a ser suficientemente profunda, nos abisma incluso en el asesinato. Asmodeo es un ser de mal, un asesino y mentiroso (*cf. Jn 8, 44*) como todo demonio, que ha llevado a Sara a la desesperación total, como si su gusto fuese aspirar cada momento de angustia de la joven y la sangre frustrada de los pretendientes. Hay aquí, por tanto, reflexiones muy profundas sobre el orgullo, el poder, la sumisión y la corrupción espiritual, que nos alertan de no entender esta historia como una simple broma de un diablo cojuelo, risible e irónico, de la época. Estamos delante de una advertencia de cómo un ser puede degradarse y gozarse en el mal ajeno y usar al inocente como oportunidad para hacer aún un mayor mal.

---

[67]   No es casual que los versículos de Juan y Deuteronomio coincidan.

Capítulo 4

1. *Aquel día, se acordó Tobit del dinero que había dejado en depósito a Gabael, en Ragués de Media,*

2. *y se dijo para sí: «Yo, ya estoy deseando morirme. Así que voy a llamar a mi hijo Tobías y le voy a hablar de ese dinero antes de morirme.»*

3. *Llamó, pues, Tobit a su hijo, que se presentó ante él. Tobit le dijo: «Cuando yo muera, me darás una digna sepultura; honra a tu madre y no le des un disgusto en todos los días de su vida; haz lo que le agrade y no le causes tristeza por ningún motivo.*

4. *Acuérdate, hijo, de que ella pasó muchos trabajos por ti cuando te llevaba en su seno. Y cuando ella muera, sepúltala junto a mí, en el mismo sepulcro.*

Comienza ahora el testamento espiritual (y material) de Tobit. Esta tradición de los testamentos está basada en las de los propios padres de la fe, Abrahán, Isaac, Jacob, José, Moisés, o el terrible de David con llamamientos al asesinato *(cf. 1 Re 2, 8-9)*, etc. Suponen un momento muy especial de la vida de la persona que, al estar cerca de la muerte, pierde los respetos humanos que hasta entonces habían podido acogotarle. Estamos más cerca de Dios, nos preparamos para dar cuentas de nuestra existencia y vemos con más claridad lo que los afanes y preocupaciones de la vida no nos dejaron ver antes. En esos momentos de especial lucidez las palabras del individuo suelen ser perlas de sabiduría que la piedad de sus deudos debe retener y poner en práctica.

Resulta especialmente hermoso el hincapié que hace Tobit en que Tobías cuide a su madre, pues hay que recordar que en aquellos tiempos si una mujer se veía sin varón (padre, esposo, hijo) que la sustentara, caía en la más abyecta miseria y desprecio social.

Esta tradición de sepultar a los esposos en el mismo sepulcro ya se había referido en la Biblia precisamente en la vida de Abrahán y Sara, que el autor de este texto está tomando, claramente, como modelo *(cf. Gn 23, 1-20)* a pesar de que Abrahán tomo después de Sara, y en su ya más que definitiva ancianidad, otras mujeres *(Queturá y sus concubinas, cf. Gn 25, 1-10)*.

5. *«Acuérdate, hijo, del Señor todos los días y no quieras pecar ni transgredir sus mandamientos; practica la justicia todos los días de tu vida y no andes por caminos de injusticia.*

Esto es lo principal, acordarse del Señor todos los días de la vida *(cf. Dt 8, 2-16; Eclesiastés 12,1 etc.)*. Practicar la justicia: vemos cómo, en la religión de Israel, la verdadera creencia siempre va acompañada de la necesidad de la justicia, que es lo que más ama Dios (de hecho, justo es la palabra que en el Nuevo Testamento se suele traducir por santo, de modo que caminar en caminos de justicia es caminar en caminos de santidad). El propio Dios es Justo, *Qadosh*, santo. Israel conoce también la institución de los justos entre las naciones, aquellos que, aunque no sean israelitas, caminan en los caminos del Señor, lo cual será también esencial para el cristianismo *(Cf. Mt 12, 46-50)*. No una cosa distinta de la justicia afirma el islam cuando dice: prohíbe el mal y prescribe el bien *(Amr bil Ma'ruf, Nahi an il-Munkar,* Corán sura 114). Con todo, el catolicismo (posiblemente

51

por su superioridad filosófica) ha comprendido mucho mejor esta cuestión que el protestantismo, el judaísmo, el islam, el gnosticismo o la cábala: no es que Dios sea Dios y aparte haga acciones justas, sino que siendo la esencia de Dios simple e inmutable, todo lo que nosotros separamos como atributos de Dios se dan de manera una y plena en Él, por tanto Dios es Justicia, Dios es Santidad, no puede ser de otra forma. En Dios el cómo es y el quién es, coinciden[68], no son cosas distintas Dios y sus atributos, eso es tan sólo una forma de hablar del limitado lenguaje humano (*cf. 1 Jn 4, 7-9*).

6. *pues si te portas según verdad, tendrás éxito en todas tus cosas,*

7. *como todos los que practican la justicia. «Haz limosna con tus bienes; y al hacerlo, que tu ojo no tenga rencilla (no se entristezca, Cf. Mt 19, 22[69]). No vuelvas la cara ante ningún pobre y Dios no apartará de ti su cara[70]».*

En la teología hebrea ver el rostro de Dios, aunque peligroso pues los personajes a veces piensan que va a morir por ello (*cf. Ex. 33, 18-22; Is 6,5*), acaba siendo una dicha inmensa y una bendición sin igual. Es ver la salvación que proviene de Dios[71] (*Sal 149, 2-4*).

8. *Regula tu limosna según la abundancia de tus bienes. Si tienes poco, da conforme a ese poco, pero nunca temas dar limosna, 9. porque así te atesoras una buena reserva para el día de la necesidad.*

El día de la necesidad es una traducción bastante discutible de este versículo. Visto así parecería que se trata de un día de apremio económico, para lo cual, posiblemente, no habría tenido mucho sentido el deshacerse de unos bienes a través de la limosna. No, el día de la necesidad –muchas otras veces traducido por el día del apremio– de la urgencia o de la angustia, se está refiriendo al día del juicio, no necesariamente al día del juicio final, sino al día en el que Dios cribe la vida de Tobías y le haga pasar penalidades, que tales suelen venir siempre en la vida de los hombres, para probarlo con el fuego del

---

[68]   Véase también la constitución dogmática del Concilio Vaticano I, *Deus Filius*:«*La santa Iglesia Católica, Apostólica y Romana cree y confiesa que hay un solo Dios verdadero y vivo, creador y señor del cielo y de la tierra, omnipotente, eterno, inmenso, incomprensible, infinito en su entendimiento y voluntad y en toda perfección; el cual, siendo una sola sustancia espiritual, singular, absolutamente simple e inmutable, debe ser predicado como distinto del mundo, real y esencialmente, felicísimo en sí y de sí, e inefablemente excelso por encima de todo lo que fuera de El mismo existe o puede ser concebido*». O como recordaba Santo Tomás de Aquino: «*Es la actualidad de todos los actos y la perfección de todas las perfecciones*». Es acto puro de ser, todo acto, ninguna potencia queda por desarrollar en él y no están articuladas como en el hombre sino dadas «todas» en absoluto, a la vez y sin cambio, desarrollo o «arrepentimiento» (*Num 23, 19*).

[69]   El paréntesis es nuestro.

[70]   *Cf. Sal. 27.*

[71]   De hecho, es hermoso reflexionar que Moisés no pudo ver el rostro de Dios (Ex 33, 22-23) y Elías tampoco (*1 Re 19, 3-15*) y no pudieron verlo porque aún no había sido revelado. Es en el monte Tabor, entre la luz de la transfiguración, cuando Moisés y Elías verán por fin el rostro de Dios, el Cristo (*cf. Mt 17, 1-8*).

sufrimiento, como a su padre (*cf. 1 Pe 1, 7*). Todos pasaremos, previsiblemente, por días así, pero el que ha sido puro y justo delante del Señor, lo tendrá siempre a su lado y no caerá en la muerte (*cf. Sal 23*). El siguiente versículo nos lo aclara aún más[72].

9. *Porque la limosna libra de la muerte e impide caer en las tinieblas.*

10. *Don valioso es la limosna para cuantos la practican en presencia del Altísimo.*

Estas normas han sido durante siglos guía de conducta de los judíos piadosos y valen igualmente para los cristianos y los musulmanes. El recuerdo de la limosna es esencial en una sociedad que no conoce las formas de asistencia social que conocemos modernamente, pero como ya comentamos, no es un uso simplemente secular del dinero sino espiritual, la reposición de una creación anterior al pecado, en la que, en el designio de Dios, el mundo era bueno, justo y a nadie le faltaría lo necesario para vivir. El mal que se introdujo en el mundo puede ser repuesto, un tanto al menos, con esa limosna que reparte y repone lo que debería ser para todos.

Se está, por tanto, hablando de la limosna como don espiritual, moral, que hay que practicar en presencia del Altísimo (por amor a Él) y que nos salvará de caer en el *seol*, que no es el simple lugar de la muerte física, pues todos hemos de morir físicamente, sino de una segunda muerte, espiritual, que ya está en estos textos *in nuce*. (*cf. Sal 16, 10*). A pesar de que se nos ha dicho muchas veces que los judíos no conocieron la supervivencia *postmortem* hasta una época muy avanzada y en contacto con las religiones iranias y griegas, a nuestro juicio, esto es un error. Se conocía la supervivencia *postmortem* desde el principio en el judaísmo (lo cual no quiere decir que la aceptaran todos en todo tiempo o todas las escuelas), pero una cosa era bajar al *seol* (reléase el salmo 16) y otra descansar con los padres (*cf. Gn 15, 15*), noción que luego evolucionará hacia el «seno de Abrahán» (*Lc. 16, 19-31*[73]). Posteriormente, con el Cristianismo, éste evolucionó hasta el Cielo de la Gloria, que se abrió a los hombres por la obra de Cristo, en espera de la resurrección universal y el juicio final (*cf. Mt 22, 29-33*).

11. *«Guárdate, hijo, de toda impureza y, sobre todo, toma mujer del linaje de tus padres; no tomes mujer extraña que no pertenezca a la tribu de tu padre, porque somos descendientes de profetas. Recuerda, hijo, que desde siempre nuestros padres Noé, Abraham, Isaac y Jacob tomaron mujeres de entre sus hermanos y fueron bendecidos en sus hijos, de modo que su estirpe poseerá la tierra en herencia.*

El ser descendientes de profetas es más importante de lo que parece en este negocio de tomar mujer. Israel llegó a estar convencido de que el mesías tendría que ser

[72] Vemos como en el pasaje del óbolo de la viuda, Cristo ensalza a la que ni siquiera siguió la prudencia humana de dar cuando no tenía para comer, superando este consejo «sapiencial» de Tobit. (*cf. Mc 12, 38-44*).

[73] Texto especialmente interesante porque allí el N. Testamento sirve como voz autorizada de la creencia judía de la época.

engendrado por un linaje puro de Israel, de padre y madre israelitas, en los que se hubiera depositado «El Espíritu del Señor» desde antiguo. Es posible que la experiencia de las deportaciones y de las mezclas con las mujeres de la tierra una vez que se había establecido la obligación del culto exclusivo a Yaveh con Moisés, sea la base de esta prohibición. En efecto, los libros de *Jueces, Samuel, Reyes, Profetas*, etc. no dejan de quejarse de la apostasía de Israel con los dioses de Canaán y Filistea. Y las culpables siempre parecen ser las mujeres que, como en el caso de Salomón, desvían su adoración hacia los ídolos (*Cf. 1 Re 11, 5-13*).

En cuanto a nombrar a Noé en esta práctica (que sí la tenemos bien atestiguada para los otros patriarcas nombrados) es algo extraño, porque no se cita el nombre de su esposa en la Biblia, tampoco se dice que Noé fuera hebreo, sino que el linaje de Eber se originó después. Probablemente Noé era un protosemita de la Mesopotamia, sin que podamos afinar mucho más. Es curioso que, en el Corán, Noe es uno de los personajes más citados y habría que investigar por qué. Algunos han sugerido que fue una estrategia para convencer a los nuevos conversos de raíz no semítica −a los que la historia de Abrahán e Ismael como hijo legítimo no les decía nada− en que desde el comienzo se había predicado el islam como religión universal (es sabido que según el islam todo ser humano nace musulmán y la humanidad, desde su más remoto origen ha sido musulmana, sólo la perversidad de los seres humanos impide reconocerlo así[74]). Posiblemente fue una idea de los califas o del último Mahoma para seguir expandiendo el universalismo militante islámico.

El que su extirpe poseerá la tierra en herencia (que es una de las promesas de Dios a Abrahán) se puede entender de dos maneras. Una, como lo ha entendido la parte peor de Israel, como un nacionalismo excluyente que los hace a ellos los futuros gobernantes del orbe. Esta era una interpretación tan extendida en el tiempo de Cristo como entre el sionismo de la actualidad y en parte del rabinismo[75]. La otra, muy diferente, la podemos rastrear en otros textos mucho más nobles de la Biblia como *Gn 12, 1-3; Gn 22, 18; Is 2, 2-4; Mi 4, 2; Za 14, 16*, etc.) y son las que recoge Cristo en el sermón de la Montaña, *cf. Mt 5, 5-12*). Es decir, su estirpe, que ya no será genética sino espiritual, reconocerá al Dios de Israel como el único Dios y sus mandamientos y caminos como los únicos justos, dando culto al Dios verdadero. Finalmente Dios será para todos y la tierra estará en paz, o como dice la *Carta a los hebreos*: «*Y ninguno de ellos enseñará a su vecino ni ninguno a su hermano, diciendo: «Conoce al Señor», porque todos me conocerán, desde el menor hasta el mayor de ellos*».

---

[74] https://es.newmuslim.net/toda-nino-nace-como-musulman/

[75] Quizás hasta el propio rey David entendió de esta manera el oráculo de Natán. (*2 Sm 7, 1-17*). El sionismo se suele conformar con el dominio de *Eretz Yisra'el*, aunque a otros no parece desagradarle el concepto de que deben gobernar sobre los goyim, que en algunas tradiciones no somos mucho más que animales (las opiniones del gran rabino sefardita Ovadia Yosef, son desgraciadamente paradigmáticas a este respecto).

12. *Así pues, hijo, ama a tus hermanos; no tengas con tus hermanos, ni con los hijos y las hijas de tu pueblo, corazón soberbio, en orden a tomar para ti mujer de entre ellos; pues la soberbia acarrea la ruina y prolija inquietud; y la ociosidad, bajeza y extrema penuria; porque la ociosidad es madre de la indigencia.*

Ya se prescribe el amor al prójimo (*cf. Lv 19, 17-18*) aunque, como vemos, referido sólo a los hijos de Israel. Que debía de haber tensiones en cuál era la interpretación verdadera del prójimo lo podemos ver aún en *Lc 10, 25-38*, donde todo un rabí de Israel le pregunta a Cristo por quién es su prójimo, y dice el texto explícitamente: «*para ponerle a prueba*». Quizás no deberíamos entender este ponerle a prueba en un sentido tan negativo como a primera vista parece, sino que Jesús tiene que dar razón de que es el Mesías y de que por tanto conoce la ley de Israel más profundamente que cualquiera, y sabe sacar la verdadera vida que atesora en ella. Por eso es justo que antes de reconocer a Jesús como el Mesías y el hijo de Dios, se le preguntase y probase (de hecho, había que cuidarse de los falsos profetas contra los que la Biblia previene continuamente *cf. Dt, 18, 21-22; Jr 14, 14-15; 23, 21-26; Ez 13, 6-9; Mi 3, 5-7; Za 10, 2: Mt 7, 15-20; 24, 5-14;2 Pe 2, 1-3*, etc.)

Recordemos también la importancia de tomar mujer de entre otros israelitas para que no se corrompa la fe, como le había pasado a Salomón cuyas mujeres habían desviado su corazón (*1 Re 11, 4-9*). Como sabemos, a la vuelta del destierro en Babilonia, Esdras (Ezra en hebreo) no sólo prohibió los matrimonios entre los judíos y los no judíos, sino que rompió los que ya se habían celebrado. (*Es 19, 1-44*, basándose en *Dt 7, 3-4*)

En cuanto a proverbios sobre la ociosidad y sus consecuencias, el libro de *Proverbios* está lleno.

13. *«No retengas el salario de los que trabajan para ti; dáselo al momento. Si sirves a Dios serás recompensado. Pon cuidado, hijo, en todas tus acciones y muéstrate educado en toda tu conducta.*

14. *No hagas a nadie lo que no quieras que te hagan. No bebas vino hasta emborracharte y no hagas de la embriaguez tu compañera de camino.*

En relación con el salario esta norma proviene, o llegó, a *Lv 19, 13; Dt 24, 14-15; y, posteriormente, a Mal 3, 5; o Sant 5, 4.*

La máxima de que no hagas a nadie lo que no te gustaría que te hicieran a ti es la que se ha llamado la regla de oro de la moral, que se da en tantas culturas, gracias a Dios. En cuanto al beber vino y embriagarse, habría que estudiar como esta prohibición acabó llegando al Corán e interpretándose en la total abstinencia del alcohol cuando no era así en Israel, si bien siempre se prohibió la borrachera como un mal (*cf. Gn. 9, 20-27 y Gn 19, 33*[76]).

---

[76] Posteriormente en la Mishná (Sotá 9, 9) y el Talmud (Pesajim 113b, etc.) las prescripciones contra la borrachera fueron creciendo cada vez más.

15. *«Da de tu pan al hambriento y de tus vestidos al desnudo. Haz limosna de todo cuanto te sobra; y no tenga rencilla tu ojo cuando hagas limosna.*

16. *Esparce tu pan sobre la tumba de los justos, pero no lo des a los pecadores.* Probablemente, esta norma fue abrogada por Cristo por la ley del amor universal *(cf. Mt 5, 43-48)*

17. *«Busca el consejo de los prudentes y no desprecies ningún aviso saludable (cf. Prov. 19-21).*

18. *Bendice al Señor Dios en toda circunstancia (cf. Sal. 34), pídele que sean rectos todos tus caminos y que lleguen a buen fin todas tus sendas y proyectos. Pues no todas las gentes tienen consejo (Prov. 2, 6-7); es el Señor quien da todos los bienes y, cuando quiere, eleva o abate hasta lo profundo del Seol (1 Sm 2, 6-9). Así, pues, hijo, recuerda estos mandamientos y no permitas que se borren de tu corazón (cf. Dt 11, 18). Todos los paréntesis son nuestros.*

Más importante aún que escribir los mandamientos en piedra, como si fueran una constitución para el pueblo, como en la ley dada en el Sinaí, o en las jambas de las puertas y las filacterias, es grabarlos en el corazón. Por eso la prehistoria de la Biblia fue siempre una prehistoria oral, emocional, moral y espiritual, en el seno de la persona, en su corazón[77] (*cf. Ez 36, 26 y 11, 19*). Vemos también como, todos estos consejos que está dando Tobit no son fruto de su capricho, sino un centón de citas morales de la Biblia de primera magnitud.

19. *«También quiero decirte que dejé en depósito a Gabael, hijo de Gabrí, en Ragués de Media, diez talentos de plata. 21.   No debes preocuparte, hijo, porque seamos pobres. Muchos bienes posees si temes a Dios, huyes de todo pecado y haces lo que es bueno ante el Señor tu Dios.»*

Máxima sapiencial, llena de carga moral (*cf. Sal 112, 1-8*). Lo importante no es sólo la máxima, sino ser dicha por un padre anciano a un hijo joven estando a las puertas de la muerte. Al ser humano, ser vulnerable, mortal, corporal, psicológico y emocional, no basta con transmitirle una información, se le enseña en un contexto de amor y caridad, motivado por las circunstancias reales de la vida. Resulta interesante que la expresión «Muchos bienes posees si temes a Dios», no esté dicha en futuro, porque no se refiere a los bienes materiales que podrían suponerse en una lectura apresurada, sino a los que ya posees por temer a Dios, que son la piedad, el recto camino, la sabiduría, etc. Son bienes morales y espirituales.

---

[77]   Por cierto, como el Corán, que desde los memoriones que acompañaban a Mahoma siempre se aprendió, al menos por algunos, de memoria.

Capítulo 5

Tobías respondió a Tobit, su padre: «Padre, haré todo lo que me mandas. ²Pero ¿cómo podré recuperar ese dinero? Gabael no me conoce, ni yo a él. ¿Qué prueba puedo darle para que me reconozca, se fíe de mí y me entregue el dinero? Además, no sé cómo se va a Media». ³Tobit le explicó: «Los dos firmamos un recibo que yo dividí en dos partes. Me quedé con una y dejé la otra con el dinero. Hace ya veinte años de aquello. Ahora, hijo, busca una persona de confianza que te acompañe. Le pagaremos un salario hasta que volváis. Ve y recupera ese dinero»

El sistema de tomar un recibo y partirlo en dos, normalmente una ostraca de cerámica, era muy conocido y practicado en el mundo antiguo. En cuanto al objeto del depósito parece que no es una inversión, ya que nada se dice de ello y se espera tan sólo la vuelta de lo depositado. Siendo esto así parece más una manera de proteger el capital que otra cosa, entregado veinte años antes sería un seguro para posibles tiempos de adversidad. Teniendo en cuenta que el propio Tobías acabará yendo a vivir a Media con su suegro al final de la obra, se nos está hablando de un tiempo de agitación política en Mesopotamia y eso sólo puede coincidir con la destrucción del imperio asirio en la que el imperio neobabilonio tomará parte (con ayuda de los medos, escitas y otros pueblos) en el 614 a.C. o con la destrucción del imperio neobabilonio por Ciro el grande, pero tal conquista fue precedida de la conquista de Media de la que en este libro no hay noticias (más bien al contrario, aquí Media va a estar en el bando de los triunfadores). Por tanto, hay un esfuerzo de entroncar esta historia con la gran historia del Medio Oriente Antiguo y para ello referir datos reales. Si eso fuera así tendríamos otro argumento para fechar muy tempranamente este libro. Si no, habríamos de suponer grandes conocimientos históricos, geográficos, políticos y de costumbres en un autor que escribiría mucho tiempo después de los hechos y en otro país, aun cuando ni los griegos habían creado la historiografía.

4. *Salió Tobías a buscar un hombre que conociera la ruta y fuera con él a Media. En saliendo, encontró a Rafael, el ángel, parado ante él; pero no sabía que era un ángel de Dios.*

Sobre esta cuestión de los ángeles hay una cierta polémica, especialmente activa entre los años 40 y 70 del siglo xx, que ha quedado simplemente admitida dentro del conocimiento habitual de la religión. Vendría a decir esta teoría que nociones como la supervivencia después de la muerte, el enfrentamiento entre el bien y el mal a nivel suprahumano, los ángeles, los demonios, el mesías, etc. son nociones ajenas a la religión de Israel y que sólo entraron en ésta tras el exilio babilónico, donde habrían contaminado la primitiva religión israelita haciéndola otra cosa. En ese sentido, los únicos verdaderos judíos serían los saduceos, que rechazaron estas ideas, mientras que el resto de ellos y los cristianos, que también aceptamos estas nociones, estamos en un completo error. Incluso el gran historiador M. Eliade llega a aceptar que el origen de estas concepciones está en el zoroastrismo y no en el judaísmo. En nuestra opinión todo ello es un gran error que no se ha combatido intelectualmente tanto como debiera.

En cuanto a ángel que se le aparece a Tobías, Rafael, es la primera vez que en la Biblia aparece el nombre de un ángel, que es algo mucho más frecuente que sean nombrados por su nombre propio en los escritos apócrifos (por ejemplo, en el primer *libro de Enoch, el Testamento de Salomón, el Libro de los jubileos, el Segundo libro de Enoch*, etc.[78]) y no en la Biblia. Por otro lado, la Biblia conoce desde el Génesis la noción del «Ángel del Señor» o Ángel de Yaveh, *mal'akh 'Elohim, Malakh YHWH*, y se ha discutido mucho, en la Iglesia y fuera de ella, quién es este misterioso personaje que en muchos parlamentos se presenta como si él mismo fuera el Señor. Para explicar esta extrañeza de que un ángel hable de Dios en primera persona se han propuesto tres explicaciones fundamentales: una, que en los textos originales no aparecía la palabra ángel (*mlk*) sino sólo el nombre del Señor y que esta introducción fue una interpolación tardía para destacar aún más la transcendencia de Dios. Otros, en cambio, opinan que esta tesis no tiene sentido porque en muchos otros lugares de la Biblia se siguen dando relaciones antropomorfizadas y conversaciones «cara a cara» de Dios. En segundo lugar, se ha dicho que el Ángel del Señor sería un ángel único, especial, una especie de visir celestial, el Metatrón de la cábala hebrea posterior, muy singular, diferente a los demás e incluso que en el cielo puede estar sentado como si fuera un poder menor (el Yaveh menor). Aunque los hay que piensan que esta tesis tampoco es convincente y que «el ángel del Señor» no es más que un ángel normal que, cuando habla, habla según las palabras que ha recibido del Señor poniéndolas en su boca tal cual las ha oído, como si un diplomático griego dijera: «–Yo, Alejandro, mando...–» pero el diplomático no es el rey de Macedonia. En tercer lugar, otros han hecho notar que en el N. Testamento ha desaparecido la noción del Ángel del Señor (o de Yaveh) aunque en cambio sí que se conoce a los ángeles, incluso por su nombre propio, como Gabriel. En ese sentido, muchos reconocen que la palabra /*mkl*/ que significa rey (como en todas las demás lenguas semíticas o en el nombre *Mlk-Tzadok*, Melquisedec) siendo un individuo que habla y actúa como Dios mismo, que en ciertos autores, como Filón, ha sido identificado con el Logos de Dios, y que en el N. Testamento no aparece, mientras que si aparece el Enviado (que es lo que significa ángel) por antonomasia de Dios, el rey de Israel, el Mesías, Hijo de David e Hijo de Dios, Logos de Dios, etc. hace referencia a que es el Cristo, la segunda persona de la S. Trinidad que actúa desde toda la eternidad y que nunca se ha desentendido de Israel y su suerte (*cf. con Jn 5, 17* en el que Jesús afirma que su Padre y él obran sin descanso, o sin cesar, asociando toda su actividad a la misma actividad del Padre como si fueran una y la misma[79]).

---

[78]   Como estos textos son muy tardíos (s. III a.C.-III d.C.), algunos utilizan ese criterio del nombre del ángel, que aparece en el resto de la literatura apócrifa, como forma de datar este texto y por eso lo retrasan hasta el siglo II-I a.C. o incluso más allá, como vimos.

[79]   Y cambiando de paso la teología del sábado que tantos problemas le dio a Jesús con una parte de los judíos observantes de su tiempo. Esta idea del *Ángel de Yahveh*, que habla y actúa como si fuera Dios mismo, ha reforzado la sospecha de que es un indicio de la S. Trinidad, presente en la extraña forma del plural que el nombre de Dios tiene en hebreo, *Elohim* que no significa Dios sino, literalmente, Dioses.

5. *Le preguntó: «¿De dónde vienes, amigo?». El ángel respondió: «Soy un hijo de Israel, como tú. Ando en busca de trabajo». Tobías preguntó: «¿Conoces el camino que lleva a Media?»*

Vemos la importancia, para las gentes de una comunidad perseguida, de protegerse entre ellos y reconocerse como tales. Por otro lado, hay muchas disposiciones en la Biblia sobre la necesidad de dar trabajo al extranjero y ayudarle en su pobreza, lo cual nos vincula otra vez con el tema de las limosnas, por ejemplo, en el *Eclesiástico*: «*la limosna perdona pecados*» (3:30). «*Con todo, ten paciencia con el pobre y no lo hagas esperar la limosna*» (29:8). «*Hacer limosna es ofrecer sacrificios de alabanza*» (35:2). «*Hermano y protector ayudan en la desgracia, pero todavía más salva la limosna*» (40:24), etc.

6. *Respondió: «Sí; he estado allá muchas veces y conozco al detalle todos los caminos. He ido a Media con frecuencia y he sido huésped de Gabael, nuestro hermano, el que vive en Ragués de Media. Hay dos jornadas de camino entre Ecbátana y Ragués, pues Ragués está en la montaña y Ecbátana en el llano.»*

Al lector moderno (armado con gps, pasaporte, hoteles, carreteras y vehículos de combustión o eléctricos) le puede chocar esta necesidad de un guía, pero en el mundo antiguo, y hasta el siglo XX en muchas regiones del planeta, ha sido, simplemente, fundamental. Tenemos atestiguada esta práctica por toda la historia humana, en multitud de casos y culturas. Desafortunadamente, conocemos bastante mal la cultura de Media, incluso a nivel arqueológico: hay bastante polémica entre los investigadores por las atribuciones a los medos de los estratos iraníes simplemente por hallarse bajo los estratos aqueménidas. Esto hace que sepamos menos de lo que nos gustaría de este pueblo y, por tanto, nos faltan datos que nos pudieran aclarar la imagen que aquí nos da el libro de Tobías. Ragués, en Persia, Raga (Rhagae), no es una ciudad tan conocida, Ecbatana, la capital del reino, sí pero más para época parta, no tanto para la época en la que está colocado el relato (pre aqueménida). Sabemos que existió porque las fuentes griegas como Esquilo y Heródoto la citan y porque también aparece citada en la famosísima inscripción de Behistún[80], bajo el nombre de Agamatanu, pero no hay consenso arqueológico al respecto.

7. *Tobías le dijo: «Espérame, joven, que voy a decírselo a mi padre, porque necesito que vengas conmigo; y yo te pagaré tu sueldo.»*

Es posible que esta representación literaria de Rafael como joven haya influido en la posterior caracterización de los ángeles con un aspecto juvenil. Posiblemente detrás de estas imágenes están las concepciones de las antiguas religiones de Dios como el Anciano, el Creador, el Antiguo, y los ángeles como creados, como sus servidores y, por tanto, más jóvenes. Es una manera de expresar que no son el Creador, por muy

---

[80] Aquí puede encontrarse el texto traducido https://www.um.es/cepoat/cuneiforme/elamita/archivosreales/dario1/dario_i.html

poderosos que puedan parecer a los mortales y a pesar de pertenecer al ámbito de lo sacro, lo divino o lo celestial.

8. *Él le dijo: «Te espero, pero no tardes.»* 9. *Fuese Tobías a informar a su padre y le dijo: «Ya he encontrado un hombre, que es israelita, hermano nuestro.» Contestole Tobit: «Llámale, para que yo sepa a qué familia y tribu pertenece, y si es digno de confianza para que te acompañe, hijo.» Salió Tobías, le llamó y le dijo: «Joven, mi padre te llama.»*

Hay autores que piensan que esta importancia en saber el linaje de Rafael es un rasgo que no se introdujo en el judaísmo hasta la vuelta del exilio de Babilonia[81] cuando los ultraconservadores (como Esdras) pensaron que tan sólo manteniendo los linajes puros podían mantenerse fieles a Yaveh y, por tanto, a la misión de Israel. No estamos de acuerdo con este punto de vista, porque eso querría decir que los linajes que aparecen en propio libro de Esdras (*cf. Es, cap.* 2) para los israelitas que vinieron del destierro babilónico, fueron inventados en Babilonia y retrotraídos hasta la época de los patriarcas, de David, etc. lo cual no parece verosímil, ni que lo hubiera aceptado nunca la comunidad judía que quedó en Palestina. Por otro lado, si analizamos la Ilíada, nos damos cuenta hasta qué punto los hechos narrados están engarzados en una sucesión de genealogías de todos los héroes, dánaos o no, que aparecen en el texto, y esto en una cultura con mucho mayor predominio de la oralidad que la israelita de aquel momento y sin la necesidad de mantener los linajes por una cuestión religiosa. Conclusión, los israelitas del reino del norte en el exilio, que no perdieron la fe ni se fusionaron con otros pueblos o que emigraron al reino del sur antes del desastre, debieron hacer un esfuerzo importante por mantener sus genealogías, y los judíos del destierro babilónico también. Entre la gente que quedó en Palestina, aunque se mezclaron estos linajes, debió de quedar, en muchos, la conciencia de a qué tribu hebrea y de qué clan y familia se procedía[82].

---

[81]   Y por tanto habría que fechar el libro «tardíamente», pero es que esta vuelta del exilio no es tardía, sino que se dio ¡en el siglo VI a.C. De hecho, hoy se considera que hubo tres «oleadas» de retorno a Israel de los emigrados a Babilonia: la primera con el decreto de Ciro del 538 a.C. (liderada por Zorobabel, de linaje real), reconstruyó el templo),la segunda en el 458 a.C. (dirigida por Esdras el escriba, para imponer el nuevo judaísmo ultraconservador) y la tercera 445 a.C. (dirigida por Nehemías, copero del rey persa Artajerjes I) recibió permiso para volver y reconstruir los muros de Jerusalén). Esto no excluye, por supuesto, que grupos menores, de carácter privado y no oficial, se mudaran a Jerusalén o Israel en todo este tiempo, como tras la propia caída del imperio persa a manos de los griegos.

[82]   De hecho, toda la cuestión samaritana, que hoy día se intenta resolver incluso con estudios genéticos, gira sobre este punto.

10.   *Entró el ángel y Tobit se adelantó a saludarle; el ángel contestó: «Que disfrutes de mucha alegría.» Replicó Tobit: «¿Qué alegría puedo disfrutar ya? Estoy ciego y no puedo ver la luz del cielo; yazgo en tinieblas como los muertos, que no contemplan la luz; vivo como un muerto; oigo la voz de los hombres, pero no los veo.» Le dijo el ángel: «Ten confianza, que Dios te curará dentro de poco. Ten confianza[83].» Tobit le dijo: «Mi hijo Tobías quiere ir a Media. ¿Puedes ir con él y servirle de guía? Yo te daría tu salario, hermano.» El respondió: «Puedo ir con él, pues conozco al detalle todos los caminos y he viajado a Media con frecuencia; he recorrido todos sus llanos y sus montes y tengo conocimiento de todas sus rutas.»*

El buen deseo del ángel más parece una profecía que otra cosa. La respuesta de Tobit nos lo vuelve a sumergir en sus paralelos con la situación de Job. Esta tristeza de no ver la luz «del cielo», y de yacer en tinieblas como los muertos, va a ser una oposición que va a explotar teológicamente el evangelio de Juan, en particular, y todo el Nuevo Testamento, en general (cf. Jn 1, 5-12; Jn 8, 12; 1 Jn 1, 5; Hch 13, 47; 1 Pe 2, 9; Ef 5, 8; etc.)

11.   *Tobit le dijo: «¿Querrías decirme, hermano, a qué familia y tribu perteneces?* 12.   *Le respondió el ángel: «¿Qué puede importar mi tribu?» Tobit insistió: «Me gustaría, hermano, saber con seguridad tu tribu y nombre.»* 13.   *Respondió el ángel: «Yo soy Azarías, hijo del gran Ananías, uno de tus hermanos.»* 14.   *Le dijo Tobit: «Seas venido sano y salvo, hermano; y no lleves a mal, hermano, mi deseo de conocer con certeza tu nombre y familia. Resulta ahora que eres de mi parentela y que perteneces a un linaje bueno y honrado. He conocido a Ananías y a Natán, los dos hijos del gran Semeías; ellos iban conmigo a Jerusalén y conmigo adoraban allí, sin desviarse del buen camino. Tus hermanos son hombres de bien; de buen linaje procedes. ¡El gozo sea contigo!»*

Vemos como aquí Tobit utiliza la palabra hermano para alguien que no sólo no es su hermano, sino ni tan sólo de su parentela íntima. Tobit llama a Rafael/Azarías hermano, pero a su vez recuerda a otros hermanos mucho más cercanos a Azarías y a su linaje de Ananías y Natán. Con frecuencia, en el mundo fuera del occidente marcado por el derecho, los hermanos son los que proceden de un mismo linaje e incluso los que «viven juntos» la vida, aunque sean de linajes distintos. Curiosamente la Biblia, sí que conoce a un Ananías, hijo de Semeías, hermano de Natán o Natanael que tuvo por hijo no a Azarías, como se ha presentado Rafael, sino a un verdadero Rafael (1 Cro 26, 4-7). Lo bonito de esto es que a Azarías («Yaveh ha ayudado») el libro de Crónicas lo llama Rafael, que significa lo mismo (Dios ha ayudado), es decir, es el mismo nombre, pero con el nombre de Yaveh o con el de El-Elohim. Se nos dice en Crónicas que no eran hebreos desde el principio, sino que pertenecían a Obed-Edom, al linaje de Esaú, por tanto de los que

---

[83]   No sé cuál pueda ser la importancia de este hecho, pero en todo el A. Testamento no se encuentra otro caso de curación de ceguera, que tan importante será durante el ministerio de Cristo. Digamos que nadie ha curado a un ciego en toda la Biblia sino Cristo y Tobías con ayuda del ángel Rafael enviado por Dios.

descenderían posteriormente los idumeos, y lo que es más importante, que pertenecían a los porteros del templo. Digo esto porque Rafael va a ser uno de los ángeles que está en la presencia de Dios, y así como los porteros del templo con frecuencia llevaban los recados del sumo sacerdote, así Rafael hace los trabajos que le manda Dios. En la literatura rabínica posterior, especialmente en el llamado *ciclo de Henoch*, como dijimos, la evolución de la angelología ha llegado a tal punto en que se conocen los nombres y los atributos de muchos de estos seres, e incluso hay hombres, como Henoch, que adquieren forma angélica[84]. No es imposible por tanto que esta relación entre el hombre y el ángel, lo humano y lo «divino» aunque sea un «divino» menor, se fuera desarrollando ya antes y que ayude a explicar, por analogía, la doble naturaleza de Cristo. Si nos quedamos en la simple separación que nos han enseñado siempre entre las esferas de lo divino y de lo humano, propias del judaísmo, no se puede dar el paso conceptual al Dios humanado, Jesucristo, pero quizás aquí haya una veta que explotar teológicamente.

Por otro lado, Tobit reconoce en Rafael y su linaje los que bajaban a Jerusalén con él, es decir los pocos que no apostataron cuando los israelitas del norte se separaron de los judíos del sur, abandonaron Jerusalén como lugar santo de la casa de Dios, el templo, y adoraron a los becerros de oro que Jeroboam construyó para hacer pecar a Israel (*cf. 1 Re 14, 16*).

El saludo final «que el gozo sea contigo», como respuesta al del ángel, es lo que luego resumirá el *shalom* como bendición de paz„ cuya teología desarrollaremos en otro lugar.

15. *Y añadió: «Te daré como sueldo una dracma por día, y en lo demás tendrás el mismo trato que mi hijo.*

En cuanto a una dracma, en la época del Nuevo Testamento, era el salario de un trabajador al día (*cf. Mt 20, 2*) y debía de ser un cierto valor porque *Lc 16, 8-10* habla de una mujer que pierde una dracma y la busca afanosamente. Se ha calculado que podría equivaler a unos 50-100 euros a día de hoy en España.

Hay que recordar que el mundo antiguo conocía las monedas desde los tiempos de los leones del reino de Lidia hechos de electro. Y que, por lo que sabemos, la moneda se expandió con bastante velocidad desde el 600 a.C. El hecho de que se use la palabra dracma (griega) tampoco es definitivo para suponer una datación tardía del libro del siglo III a.C. o posterior, porque este libro se traduce del griego y no de su original hebreo, de modo que la previsible moneda a la que se refiere con la palabra dracma era a la moneda de plata de curso en el imperio persa, es decir, el siclo o shekel[85].

Resulta muy hermoso relacionar estos textos con el cap. 10 de san Lucas, en las que Jesús envía a los 72, sin nada, como Rafael, a bendecir con la paz a cada casa en la que entren, tomando sólo lo que les den libremente, pero aceptando tal ofrecimiento

---

[84] https://journals.openedition.org/hamsa/649 A veces se ha especulado sobre si Melquisedec podría haber sido un ser así, una especie de ángel humanado como Cristo sería Dios humanado.

[85] http://www.ferisofi.es/arnedo/articulos/Boletin29.pdf

«*porque el obrero* (el que trabaja, en este caso por Dios) *merece su salario*». Jesús los envía a cualquier ciudad a la que vayan (como Rafael está yendo a Media) sanando a los enfermos, como hará también el ángel, y recordando que también habrá un castigo para las ciudades de pecado. Tanta es la semejanza que impresiona que san Lucas, hablando en otra época para el envío –con toda plausibilidad, histórico de Cristo– haya calcado esta imagen del libro de Tobías (*cf. Lc 10, 1-12* y para la vuelta con éxito, *Lc 10, 17-20*).

16.   *Vete con mi hijo y después te añadiré un sobresueldo.»*

Como no podía ser menos en un hombre justo como Tobit, paga al «hermano» como al hijo, e incluso le promete una recompensa futura. Del mismo modo, hay una paga futura en el cristianismo: *Rom 6, 23*: «*la paga del pecado es la muerte más la dádiva de Dios es la vida en Cristo Jesús Señor Nuestro*». Son por este tipo de cosas que los padres de la Iglesia como S. Agustín decían que el N. Testamento está latente en el Antiguo.

17.   *Le dijo el ángel: «Partiré con él y no abrigues temor; sanos partimos y sanos regresaremos a ti, porque la ruta es segura.» Le respondió Tobit: «Bendito seas, hermano.» Y llamando a su hijo le anunció: «Hijo, prepara las cosas para el camino y emprende la marcha con tu hermano; que el Dios que está en los cielos os proteja allí y os devuelva a mí sanos; y su ángel os acompañe con su protección, hijo.» Tobías se dispuso a emprender la marcha y besó a su padre y a su madre. Tobit le dijo: «¡Que tengáis buen viaje!»*

En la Biblia, prácticamente, cada vez que aparece un ángel se presenta diciendo «no tengas miedo», es casi como una señal de que, ciertamente, proviene de lo sobrenatural. Este «no temas porque la ruta es segura», se ha de entender a dos niveles, como se ha de entender, por ejemplo, el *Evangelio según san Juan*: al obvio material, ir a Media, y al espiritual, el ángel acompaña al hijo en su camino, emparentando así esta custodia del ángel con el famoso salmo 23 que, en realidad, podría ser un resumen de la historia de Tobit-Tobías. Esto es muy sorprendente e inexplicable, cómo unos y otros textos de la Biblia se van entrecruzando y explicándose recíprocamente, creando una red coherente de revelación.

Otra vez, pese a lo breve, el texto está lleno de bendiciones, por tanto, nos toca reflexionar, un momento, sobre la bendición. La Biblia comienza con una bendición que es la Creación de parte de Dios, Creación que el propio Dios confirma en su bondad, «y vio Dios que era bueno» es el *ritornello* con el que acaba cada día de la creación hasta el sexto día cuando, finalizada, Dios ya no ve que es bueno sino que es «*muy bueno*» todo lo hecho (*Gn 1, 31*). Igualmente acaba con otra bendición: «*la gracia del Señor Jesús esté con todos vosotros*» (*Apo. 22, 21*): Cuando Dios haya recreado el Paraíso, la nueva tierra y los nuevos cielos, se dice: «*Y no habrá ya maldición alguna; el trono de Dios y del Cordero estarán en la ciudad y los siervos de Dios le darán culto. Verán su rostro y llevarán su nombre en la frente. Ya no habrá noche; no tienen necesidad de luz de lámpara ni de luz del sol, porque el Señor Dios los alumbrará y reinarán por los siglos de los siglos*».

Ya no habrá más maldición, se refiere a la maldición con la que Dios castigó a Adán. Se habrán superado los efectos del pecado original definitivamente, y una luz mayor que la de las luminarias del cielo alumbrará la humanidad redimida. Por tanto, debemos ver toda la Biblia como un gran arco iris celestial de bendición que abarca todo tiempo y todo hombre (*cf. Jn 1, 9*) hasta la consumación de los tiempos. En este sentido, bendecir no es sólo desear un bien para aquel al que se bendice, sino que el que bendice se pone en la bendición, como amor y esperanza; se da en caridad el que no puede hacer otra cosa que bendecir y esperar y con esas palabras hace propicio al Dios del cielo con un verdadero e íntimo sacrificio de propiciación. Incluso en la bendición hay también, junto a la caridad del amor al prójimo, y el más noble deseo de resguardarlo de todo mal bajo las alas del Eterno, una secreta alabanza, una alegría en el Señor que puede dar lo que deseamos como promesa de dicha al otro, uniendo en unas palabras de las que no somos poseedores –porque la alabanza se «da», reposa en otro– el amor perfecto a Dios y al prójimo, que es el engarce clave de toda la Sagrada Escritura. Por eso Tobit se pasa la vida bendiciendo, porque en su corazón ya rebosa esa alegría en Dios, esa confianza en Él, ese gozo, que él da como su mayor tesoro a su hijo, a Rafael y a todo el que quiere oírle, puesto que «*El hombre bueno, del buen tesoro de su corazón saca lo que es bueno; y el hombre malo, del mal tesoro saca lo que es malo; porque de la abundancia del corazón habla su boca*». (*Lc 6, 45*) Y así vemos otra vez como hay una continuidad, quizás no del todo bien remarcada hasta ahora, entre el libro de Tobías y mucha de la sustancia de la predicación evangélica.

18.   *Pero su madre lloraba y dijo a Tobit: «¿Por qué has hecho que se vaya mi hijo? ¿No era él el bastón de nuestra mano, que siempre va y viene con nosotros?* 19.   *¡Que no sea el dinero lo primero de todo! ¡Qué no se convierta en el precio de nuestro hijo!* 20.   *¡Con lo que el Señor nos daba para vivir teníamos bastante!»* 21.   *Él le dijo: «No pienses tal cosa; sano ha partido nuestro hijo y sano volverá a nosotros; con tus propios ojos lo verás el día que regrese sano junto a ti.* 22.   *No pienses tal cosa ni te atormentes por ellos, hermana; porque un ángel bueno le acompañará, le dará un viaje fácil y le devolverá sano.»*

Estos tiernos versos de las cuitas de la madre del joven y la confianza del padre dan a la obra una humanidad muy singular, de la que también están llenos los evangelios. Tobit vuelve a llamar a su esposa hermana, recordando lo que tantas veces hemos dicho, el uso amplísimo de la palabra hermano en los pueblos semitas. Por otro lado, sano es la misma palabra que se usa para salvo, término por el que muchas otras versiones se decantan, y aquí volvemos a ver los dos niveles (al menos) en los que hay que leer la Biblia, el material y el espiritual, ciertamente entremezclados pero distinguibles. «Le dará un viaje fácil» suena también bastante afín a «*mi yugo es suave y ligera mi carga*» (*Mt 28, 30*) en el sentido ambos de que el itinerario espiritual que se va a realizar, de la mano del pastor adecuado, es viable. Las afirmaciones de la madre sobre la mayor importancia de la vida del chico por encima del dinero y de que con lo que tenían, tenían bastante, entroncan con *Prov. 15, 16: «Más vale pobreza con temor de Dios que abundancia con angustia*».

Capítulo 6

1. *Y ella dejó de llorar.*

No se entiende por qué este versículo no pertenece al capítulo anterior, sobre todo, porque tiene cierta importancia teológica ya que la madre ha quedado reconfortada por las palabras del marido que, sin saberlo, son proféticas, es decir, son verdad de Dios inspirada en Tobit. Además, retoman también en el contexto del pueblo exiliado y la mujer que llora por su hijo al que cree muerto, la famosa profecía sobre la Nueva Alianza y la misericordia de Dios con Israel de *Jeremías 31, 15-39* de la que extraemos estos oráculos: «*El Señor dice: «Se oye una voz en Ramá, de alguien que llora amargamente. Es Raquel, que llora por sus hijos, y no quiere ser consolada porque ya están muertos.» Pero el Señor le dice: «Raquel, no llores más; ya no derrames tus lágrimas, pues tus penas tendrán su recompensa: tus hijos volverán del país enemigo. Yo, el Señor, lo afirmo».* Hay una esperanza para tu futuro: tus hijos volverán a su patria. Yo, el Señor, lo afirmo. He oído al pueblo de Efraín quejarse amargamente: «*Yo era como un novillo sin domar, pero tú me has domado; hazme volver a ti, pues tú eres el Señor, mi Dios. Yo me aparté de ti, pero estoy arrepentido; he reconocido mi pecado y me doy golpes en el muslo; me siento avergonzado y humillado por los pecados de mi juventud. El pueblo de Efraín es para mí un hijo amado; es el hijo que más quiero. Aun cuando lo reprendo, no dejo de acordarme de él; mi corazón se conmueve y siento por él gran compasión. Yo, el Señor, lo afirmo. Pues daré de comer y de beber en abundancia a los que estén cansados y sin fuerzas.»* El Señor afirma: «*Vendrá un día en que haré una nueva alianza con Israel y con Judá. Esta alianza no será como la que hice con sus antepasados, cuando los tomé de la mano para sacarlos de Egipto; porque ellos quebrantaron mi alianza, a pesar de que yo era su dueño. Esta será la alianza que haré con Israel en aquel tiempo: Pondré mi ley en su corazón y la escribiré en su mente. Yo seré su Dios y ellos serán mi pueblo. Yo, el Señor, lo afirmo. Ya no será necesario que unos a otros, amigos y parientes, tengan que instruirse para que me conozcan, porque todos, desde el más grande hasta el más pequeño, me conocerán. Yo les perdonaré su maldad y no me acordaré más de sus pecados. Yo, el Señor, lo afirmo.»*».

En este texto, se ven oráculos de consolación a Israel de mucha actualidad en la situación en la que está la comunidad del libro de Tobias, y se promete una Nueva Alianza ya que la anterior, la del Sinaí, está rota por las desobediencias del Israel. El pensamiento judío irá uniendo esta cuestión de la Nueva Alianza con el profeta que había pronosticado Moisés (*cf. Dt 18, 15*), con la reposición del linaje de David, el David perfecto, el rey prometido, el «hijo» (descendiente) de David, el mesías (*cf. 2 Sm 12, 7-25 y Sal 119*) con la Nueva Torá (ley, alianza) que dará el Mesías (¿por tanto el Mesías es divino?) con los oráculos del libro de Daniel sobre los reinos que han de pasar hasta que llegue el reino de Dios y la llegada del hijo del hombre (*cf. Dn 2, 31-35; Dn 7, 13-14*), con la afirmación de Isaías de que el nuevo pacto será eterno (*cf. Is 55, 3*), con que el nuevo pacto será en justicia, salvación, amor y misericordia (*cf. Os 2, 18-20*) y con el gran oráculo de *Ezequiel 36, 26-27* sobre que este nuevo pacto estará escrito en los corazones y no ya en tablas de piedra y que implicará la donación de Su (de Dios) Espíritu, como también había prometido el profeta Joel, (*cf. Joel 2, 28*). Los cristianos, en afirmaciones de Jesús como *Lc 22, 20*: «*Esta copa es el nuevo pacto en mi sangre, que por vosotros se derrama.*», *Jn 20, 21-22*: «*Jesús repitió: «Paz a vosotros. Como el Padre me ha enviado, así también os envío yo» y, dicho esto, sopló sobre ellos y les dijo: «Recibid el Espíritu Santo»*, *Mt 21, 9*: «*Y la gente que iba delante y detrás gritaba: «¡Hosanna al Hijo de David! ¡Bendito el que viene en nombre del Señor! ¡Hosanna en las alturas!»*: ¿Qué es esto? una nueva doctrina (ley, enseñanza, Torá) *expuesta con soberanía* (autoridad sobre la ley), *¡manda y hasta los espíritus inmundos le obedecen!* (*cf. Mc 1, 27*), el profeta esperado (*Mt 21, 10-11*: «*Al entrar en Jerusalén, toda la ciudad se sobresaltó preguntando: «¿Quién es este?». La multitud contestaba: «Es el profeta Jesús, de Nazaret de Galilea»*») no pueden sino ver el cumplimiento de las profecías del A. Testamento sobre Cristo y la reposición de Israel (*cf. Lc 2, 29.32*). Por eso se confunden los que opinan que la manera de entender al mesías por parte de Israel era exclusivamente político-militar, eso era propio de esa parte de Israel que, entonces como hoy, había hecho ya la religión a su medida y habían decidido qué tenía y qué no podía hacer Dios por ellos.

2.   *Partió el muchacho en compañía del ángel, y el perro les seguía. Yendo de camino, aconteció que una noche acamparon junto al río Tigris.* 3.   *Bajó el muchacho al río a lavarse los pies, cuando saltó del agua un gran pez que quería devorar el pie del muchacho. Este gritó* 4.   *pero el ángel le dijo: «¡Agarra el pez y tenlo bien sujeto!» El muchacho se apoderó del pez y lo arrastró a tierra.* 5.   *El ángel añadió: «Abre el pez, sácale la hiel, el corazón y el hígado y guárdatelo, y tira los intestinos; porque su hiel, su corazón y su hígado son remedios útiles.»*

Es posible que repasando la literatura médica de la antigüedad encontrásemos recetas parecidas. El hecho de que partes del pez se vayan a usar en el exorcismo de Sara, o de la alcoba de Sara, remite igualmente no tanto a Egipto, sino otra vez a Mesopotamia, donde la medicina y los exorcismos estaban enormemente mezcladas. En realidad, todo este libro resuena a Mesopotamia e imperios asirio, babilónico y medopersa, y no a Egipto. ¿Tiene alguna resonancia el oráculo de Dios a Eva (*cf. Gn 3, 15*) sobre la lucha entre su descendencia y la del demonio, que le morderá el calcañar, el pie, el tobillo, en este texto del gran pez, casi monstruo marino, que quiere comerse a Tobías?

6.   *El joven abrió el pez y tomó la hiel, el corazón y el hígado. Asó parte del pez y lo comió, salando el resto. Luego continuaron su camino, los dos juntos, hasta cerca de Media.*

Media era una de las regiones principales del imperio persa y ya antes había formado parte del imperio neoasirio, aunque sometida sólo imperfectamente, como dijimos.

7.   *Preguntó entonces el muchacho al ángel: «Hermano Azarías, ¿qué remedios hay en el corazón, el hígado y la hiel del pez?»* 8.   *Le respondió: «Si se quema el corazón o el hígado del pez ante un hombre o una mujer atormentados por un demonio o un espíritu malo, el humo ahuyenta todo mal y le hace desaparecer para siempre.*

Parece una forma primitiva de exorcismo, que quizás podríamos rastrear en otros textos antiguos.

9. *En cuanto a la hiel, untando con ella los ojos de un hombre atacado por manchas blancas, y soplando sobre las manchas, queda curado.»*

Llama la atención que el texto no diga que entonces se le ocurriera a Tobías que tenía la solución para el problema de su padre. Quizás es un error literario del compositor de la obra, que debería haber esperado a revelar este detalle más adelante. Esto podría indicar quizás dos manos, una menos experta literariamente, pero más cercana a los «hechos», y otra posterior, mejor literariamente, que retocaría el texto hasta conseguir, ya lo veremos, efectos estéticos muy meritorios.

10. *Cuando entraron en Media, y estando ya cerca de Ecbátana*[86], 11. *dijo Rafael al joven: «Hermano Tobías.» Le respondió: «¿Qué deseas?» Contestó él: «Pararemos esta noche en casa de Ragüel; es pariente tuyo y tiene una hija que se llama Sarra*[87]*; 12. fuera de ella no tiene más hijos ni hijas; tú eres el más cercano, tienes más derechos sobre ella que todos los demás y es justo que heredes la hacienda de su padre; la muchacha es prudente, valerosa y muy bella y su padre la ama.»*

En realidad, no es que sea el pariente más cercano, hubiera sido más conforme a la verdad decir que es el más cercano de los que quedan, pues los 7 maridos que tuvo anteriormente debieron, por las normas nupciales hebreas, ser también parientes y desposarla según los grados de consanguinidad sin poder saltárselos (*cf. libro de Rut*, cap. 4, 1-13 en el que los protagonistas a tienen que esperar a que un pariente más cercano renuncie a su derecho sobre la novia.)

Vemos aquí el dibujo de una esposa ideal, prudente (que en la Biblia incluye siempre el temor de Dios) valerosa, muy bella, como a todo hombre gusta, y amada de su padre, es decir, de conducta irreprochable. Compárese con *Proverbios 31, 10-31: Mujer virtuosa, ¿quién la hallará? Más preciada es que las piedras preciosas. 11 El corazón de su marido reposa en ella confiado, Y no carecerá de ganancias. 12 Le da ella bien y no mal todos los días de su vida... etc.*

13. *Y añadió: «Es justo que la tomes para ti. Escúchame, hermano. Yo hablaré esta noche al padre acerca de la muchacha para que te la conceda como prometida, y a nuestro regreso de Ragués celebraremos la boda. Estoy seguro de que Ragüel no puede negártela, ni dársela a otro, pues se haría reo de muerte, según la sentencia del libro de Moisés, pues él sabe que te asiste el derecho a tomar a su hija por mujer. Así pues, óyeme bien, hermano; hablaremos esta noche sobre la muchacha y que la den como prometida; y cuando volvamos de Ragués, la tomaremos y la llevaremos con nosotros a tu casa.»*

El uso tan excesivo de la palabra hermano es evidente que quiere reforzar la idea de la solidaridad de todo el pueblo de Israel en su hermandad y, por qué no, también la idea de que todos, incluidos los ángeles, son hijos de Dios.

---

[86] Una de las capitales históricas del imperio persa como dijimos.
[87] O Sara, la grafía cambia según las traducciones como dijimos.

El libro de Moisés al que se refiere es el *Deuteronomio,* en concreto *25, 5-10,* la ley del levirato. Es verdad que este no es un caso exactamente igual al que allí se recoge, pero en las leyes familiares de Israel debió de recogerse quién tenía y quién no tenía derecho a casarse con quién, según los grados de parentesco, incluso quién tenía la obligación[88]. Pretender que todas estas leyes se desarrollaron tras el exilio es agarrarse al clavo ardiendo de un único testimonio en que, como dijimos, Esdras deshace los matrimonios mixtos de la gente de Israel que quedó en la tierra. A nuestro parecer las leyes de pureza del matrimonio debieron existir desde siempre, pero sólo una parte de Israel las respetaba. Con el correr del tiempo y en época mucho más tardía, con Esdras, se trataron de imponer a todo el pueblo, aunque siempre se aplicaron imperfectamente[89]. Este casarse entre parientes, ya anteriormente a Moisés lo habían hecho los patriarcas, demostrando que era una realidad etnográfica de los pueblos semitas mucho más que una disposición del legislador mosaico[90].

El hecho de que sea otro hombre el que tenga que hablar a favor del novio es una costumbre que también se ha mantenido por siglos en casi todos los pueblos de la cuenca mediterránea, y más allá, los famosos casamenteros. Como vemos se toma a la mujer, pero se la lleva a casa de los padres del marido, en antropología eso se llama un sistema patrilocal de parentesco, es también patrilineal, en el sentido de que los individuos pertenecen por adscripción o herencia al clan del padre (y esto es fundamental como hemos visto en las preguntas de Tobit al ángel, requiriendo saber de qué clan y tribu era Rafael) pero convive con un requisito matriarcal que es la condición necesaria de judía (o musulmana) de la esposa[91]. El que se casen en parentescos que a los indoeuropeos

---

[88] El tratado de la Misnhá, *Kidushín*, es el tratado que regula todas las cuestiones sobre el noviazgo y el matrimonio, aunque no hay que esperar quizá que en épocas como las de Tobit o Esdras estuviera ya tan desarrollada la cuestión. *La Misná.* Edición de Carlos del Valle. Sígueme, Salamanca, 2011.

[89] No es de extrañar que cuando se trataba de la genealogía, los judíos se olvidaran de sus famosos reyes y se fueran directamente a Abrahán, pues la bisabuela del rey David era Rut, la moabita, Salomón se «desposó» con más de mil mujeres entre esposas y concubinas, entre las cuales había incluso egipcias (la hija del faraón), el propio Salomón era hijo de David y Betsabé, que es posible que fuese una hitita. Casi podríamos decir que cuando mejor le fue a Israel es cuanta más sangre no judía había en su reino. La madre del heredero de Salomón, Roboam, era Naamá la amonita, y si el tener un linaje puro israelita es condición para ser rey de Israel entonces ninguno de los reyes de Israel y Judá lo fueron legítimamente. Recordamos todo esto para combatir el incomprensible racismo judío, en sentido técnico, que aún existe en ciertas comunidades religiosas de ese pueblo.

[90] El sistema de los árabes preislámicos (y quedan ciertas huellas de esto en el islam, incluso moderno, con la conversión forzosa de las mujeres a la fe del marido) parece ser muy semejante: casarse, en lo posible, dentro de los mismos clanes de las mismas tribus, por eso durante décadas tras la muerte de Mahoma, ser *Coraixí* (de la tribu de Quraysh) fue un título de prestigio y privilegio fundamental.

[91] En nuestra opinión, el hecho de que la madre tenga que ser de fe judía o musulmana, lejos de ser un recuerdo de la vieja situación matriarcal desplazada posteriormente por los varones y sus dioses, como opinaba, un poco imprudentemente, Robert Graves (R. Graves: *La diosa blanca*, Alianza,

nos parecen tan cercanos probablemente tiene que ver con la mentalidad clánica del mantenimiento de los linajes[92].

14.   *Tobías respondió a Rafael: «Hermano Azarías, he oído decir que ya ha sido dada a siete maridos y que todos han muerto la noche de bodas; que cuando entraban donde ella, morían; también he oído decir que un demonio los mataba; 15.   así que tengo miedo, pues a ella no le hace ningún daño, porque la ama; pero al que intenta acercarse a ella, le mata; yo soy hijo único, y si muero, haré bajar en tristeza al sepulcro, por mi causa, la vida de mi padre y de mi madre. Ellos no tienen otro hijo que les dé sepultura.»*

Esta idea de un demonio enamorado de una mujer no tiene por qué considerarse sin más como una idea pagana ajena a Israel, a fin de cuenta ya el libro del Génesis nos había hablado de hijos de Dios prendados de mujeres con los que tendrían descendencia, los *nephilim (cf. Gn 6, 1-4).* E verdad que en la literatura rabínica hebrea (si bien es muy posterior) se considera que tras la destrucción de la generación prediluviana nadie quedó de aquellos seres y que Dios no ha permitido más tales engendros[93].

Resulta muy hermosa la consideración de Tobías respecto al dolor que causaría su muerte a sus padres. La vida es sacrosanta en la teología de Israel y no podemos disponer de ella a nuestro antojo, como vimos. No nos pertenecemos sólo a nosotros, tenemos obligaciones con los demás, incluso con cuidar nuestra salud. El argumento final, «ellos no tienen otro hijo que les dé sepultura» resuena como un dato antropológico fundamental: en la mayoría de las culturas los hijos deben de enterrar piadosamente a sus padres y darles el «culto» merecido a sus restos, sea en China, en Israel, en Egipto, en Mesopotamia, etc.[94] y que llega a los conocidos versos de Eduardo Marquina (poeta

---

2014) tiene que ver con el deseo, a partir de la experiencia histórica de la contaminación de la fe yavista con otras fes, en especial en Canaán, de evitar este error religioso y crear comunidades de adoración totalmente yavistas. Es decir, que fue una introducción (o reintroducción si realmente los patriarcas se habían comportado así) «tardía» en la historia de Israel, vinculada al hecho de no poder perder la fe de Yaveh. En el islam la situación es idéntica o aún peor, porque se dice que las mujeres e hijos son una trampa o engaño, incluso enemigo, para los creyentes porque pueden apartar al varon de su sagrada obligación de la yihad (*¡Vosotros que creéis! Es verdad que en vuestras esposas e hijos hay enemigos para vosotros*», Sura del Desengaño, 64:14). Cf. A Elorza: *Yihad, El sexto pilar del islam*, Fundación Giménez Abad 2006. file:///C:/Users/JNegueruela/Downloads/Dialnet-Yihad-5767136.pdf

[92]   Conviene hacer notar que, posiblemente, no sea totalmente casual que quien ha reintroducido en la antropología contemporánea el valor esencial de las posiciones familiares en un árbol genealógico, en el cual se mantienen los linajes por la toma de mujeres por parte de los clanes más poderosos respecto de los menos, convirtiendo así a la mujer en la primera «moneda de cambio» o prenda de alianza, haya sido el judío, y nieto del gran rabino de Estrasburgo, Claude Leví-Strauss, en su fundamental libro *Las estructuras elementales del parentesco*, su tesis doctoral leída en Sorbona en 1948.

[93]   Ya anteriormente hemos reflexionado sobre el tipo y la cualidad de este «amor» demoníaco.

[94]   Si bien conocemos algunas sociedades en las que se dejaba morir a los ancianos que podían verse, en situaciones de escasez, como un problema para la comunidad, como entre los inuit, India, Japón (ubasute), los selk'nam de la Patagonia, etc.

español, catalán, del siglo XX) en su obra *En Flandes se ha puesto el sol*: «*Por España, y el que quiera defenderla, honrado muera, y el que traidor la abandone, no tenga quien le perdone, ni en tierra santa cobijo, ni una cruz en sus despojos, ni las manos de un buen hijo para cerrarle los ojos*[95]».

16.   *Respondió el ángel: «¿Has olvidado las recomendaciones de tu padre, que te mandó tomar mujer de la casa de tu padre? Escúchame bien, hermano: no tengas miedo a ese demonio y tómala; sé bien que esta noche te la darán por mujer.*

El padre, siguiendo el modelo de Abrahán, le ha recomendado-mandado, tomar mujer de su linaje. (*cf. Gn 24, 1-14*[96]). El «sé bien que esta noche te la darán por mujer» puede ser una presciencia angélica, pero parece más un acto de fe del ángel en el Creador que asume y acepta en todo, de manera perfecta, el encargo del Señor, convirtiéndose así no sólo en nuestro protector sino en nuestro ejemplo.

17.   *Cuando entres en la cámara nupcial, tomas el corazón del pez y parte del hígado y lo pones sobre las brasas de los perfumes. Se difundirá el aroma y cuando el demonio lo huela, huirá y nunca aparecerá ya a su lado.*

Se ha discutido mucho si este consejo del ángel es un conjuro pagano o a qué se debe, pero hoy se piensa que no. La acción no implica invocaciones a dioses extranjeros ni fórmulas mágicas en el sentido esotérico. Más bien, es un medio providencial que Dios pone a disposición de Tobías a través de su ángel. En la teología bíblica, la eficacia del acto no proviene de una superstición, sino de la obediencia a Dios y su intervención, en este caso, a través del ángel Rafael.

18.   *Y cuando vayas a unirte a ella, levantaos primero los dos y haced oración y suplicad al Señor del Cielo que se apiade de vosotros y os salve. Y no tengas miedo, porque para ti está destinada desde el principio; tú la salvarás; ella se vendrá contigo y te aseguro que te dará hijos que serán para ti como hermanos. No te preocupes.»*

Uno de los argumentos que, según algunos exegetas, nos llevaría a datar este libro en una época tardía es que en vez de Yaveh, el nombre propio de Dios, se utiliza sólo el apelativo, Señor del Cielo. Pero es un argumento equivocado porque no sabemos de un tiempo, por antiguo que sea, en el que el nombre de Yaveh se usara libremente. En cambio, el apelativo «Señor del Cielo» en todas las religiones mesopotámicas es extremadamente antiguo, como An (sumerio) Anu (acadio) Assur en Asiria, El-Elyon en Canaán, etc. Tiene más que ver con una reverencia a su dominio sobre todo que con un uso restrictivo reciente del nombre Yaveh.

---

[95]   Eduardo Marquina, *En Flandes se ha puesto el sol*. Ed. Castalia. Madrid, 1996.
[96]   Por cierto, que también en ese pasaje, que sirve como modelo del libro de Tobías claramente, hay un ángel que irá delante de Eliezer de Damasco, el leal siervo de Abrahán.

En cuanto a la oración a Dios es lo esencial de este pasaje. Los hijos de Israel no se ayuntan entre ellos como paganos sin ley o como bestias, sino que lo que hacen es orar al Dios Eterno (*El Olam*) para santificar toda su vida, y también ese momento de intimidad que no está desligado, como entre otros pueblos o entre nosotros los modernos, de la vida de fe y de oración destinada a cumplir la voluntad de Dios en todo. Lo que se debe pedir a Dios es la salvación para ambos: para Sara del demonio que la atormenta y para Tobías de las desgracias familiares.

Posteriormente aparece una frase que en la Biblia siempre la dice Dios, los enviados de Dios o los hombres que hablan inspirados por Dios: «no tengas-ais miedo». Allí donde no hay miedo es porque reina Dios. «Ella está destinada a ti desde el principio». Esta afirmación, fuerte, del destino en el amor de dos seres humanos es, quizás, la base de nuestra creencia análoga en el amor providencial. La diferencia radica en que, para la Biblia la pareja no es el fin último, sino la adoración a Dios. Dios los ha querido juntar y así obrar un designio de salvación y felicidad para ellos y para tantos otros. Aquí se recoge la noción de que la felicidad del hombre, en unión con las leyes de Dios, es la Gloria de Dios; que el hombre tiene que vivir como hombre, pero convertido a Dios, y que en eso radica la religión. Ya lo había recibido el profeta Ezequiel como palabra divina (*cf. Ez. 33, 11*) y posteriormente lo dirá san Ireneo con palabras perfectas: «*La gloria de Dios es que el hombre viva, pero la vida verdadera del hombre es su encuentro con Dios*[97]».

El que Tobías vaya a salvar a Sara no es contradictorio con que sea Dios quien les salve, puesto que Dios se servirá de Tobías para hacer su obra. (Tobías va a actuar como causa verdadera y libre pero segunda respecto de la primera que es la Providencia de Dios sobre Sara[98]).

«Ella te dará hijos que serán para ti como hermanos». Ya hemos visto la importantísima influencia del concepto hermano en este libro y, en realidad, a lo largo de toda la Biblia. Hermanos con los que cazar, labrar la tierra, emprender empresas, etc. hermano como bastón en la vida. Finalmente acaba con otro consuelo, «no temas».

19.   *Cuando Tobías oyó las razones de Rafael y que era hermana suya, del linaje de la casa de su padre, se enamoró de tal modo que se le apegó el corazón a ella.*

Entendemos que el enamoramiento, más allá de las cuestiones puramente naturales de la atracción entre dos jóvenes, tiene que ver con un sentido que no es premoderno, como muchas veces se ha dicho, sino inteligente: la adecuación de las personas casaderas entre sí que la Biblia no deja de subrayar continuamente (*cf. Proverbios 31; 11; 12; 19;*

---

[97]   Ireneo de Lyon. *Contra las herejías*. Libro 4, 20, 5-7.

[98]   *Cf.* Santo Tomás de Aquino, Libro III —Dios, fin último y gobernador supremo— capítulo LXXVII: *La ejecución de la divina providencia se realiza mediante las causas segundas. https://tomasdeaquino.org/capitulo-lxxvii-la-ejecucion-de-la-divina-providencia-se-realiza-mediante-las-causas-segundas/*

14; Rut 3, 11; Gn 24, 1-14, etc.) Por no hablar de la idea, que los judíos adoptaron en algún momento indeterminado, de que ellos eran linaje (descendientes) de profetas (como ya señalamos: «en tu descendencia haré bendita a todas las naciones de la tierra» *Gn, 22, 28*) y tenían que conservarse porque de uno de ellos nacería el Mesías. No podían perderse los linajes de Israel a riesgo de que se perdiera el linaje del Mesías que traería las bendiciones de Dios, el cumplimiento de las promesas y las profecías.

Capítulo 7

1. *Cuando entraron en Ecbátana*[99] *dijo Tobías: «Hermano Azarías, guíame directamente a casa de Ragüel, nuestro hermano.» Le condujo, pues a casa de Ragüel y le encontraron sentado a la puerta del patio. Le saludaron ellos primero y él les contestó: «Mucha dicha os deseo, hermanos, y en buena salud vengáis.» Los llevó a su casa*

Vemos como Ragüel, al igual que su pariente Tobit es un hombre que practica la hospitalidad. Otra vez el uso insistente de la palabra hermano, como en casi cada versículo del libro. El encontrarlo en el patio construye un paralelismo con su familiar Tobit. Es con estos detalles literarios con los que el narrador va creando nuestra confianza en la bondad de este personaje.

2. *y dijo a su mujer Edna: «¡Cómo se parece este muchacho a mi hermano Tobit!»*

Más uso de la palabra hermano para una relación que no es la de hermandad.

3. *Edna les preguntó: «¿De dónde sois, hermanos?» Respondieron: «Somos de los hijos de Neftalí, de los deportados de Nínive.»*

Otra vez el uso de la palabra hermano. Llama la atención la familiaridad de la mujer con dos hombres a los que no conoce, cosa que el judaísmo rabínico posterior prácticamente prohibirá. Es posible que en aquel entonces las normas de comportamiento social fueran más relajadas de lo que llegaron a serlo posteriormente. Resulta hermoso, y da mucho sentido a esta idea de casarse dentro del pueblo de Israel y de la tribu a la que uno pertenece, que Tobías y Rafael digan que son hijos de Neftalí, antepasado muerto muchas generaciones antes. Es el mismo sentido que les hará decir a los judíos contra Jesús que ellos son hijos de Abrahán (*cf. Jn 8, 39*).

4. *Les dijo: «¿Conocéis a Tobit, nuestro hermano?» Ellos contestaron: «Sí, le conocemos.» –«¿Está bien?»–*

A pesar de que habían pasado muchos años del pacto de Tobit con Ragüel y de que los judíos se habían visto dispersados por todo el Imperio asirio, las comunidades, aunque con sus dificultades, están en contacto y guardan sus pactos recíprocos.

5. *«Vive y está bien.» Y Tobías añadió: «Es mi padre.»* 6. *Ragüel se puso en pie de un salto, le besó, lloró y le dijo: «¡Bendito seas, hijo! Tienes un padre honrado y bueno. ¡Qué gran desgracia, haberse quedado ciego un hombre tan justo y limosnero!» Y echándose al cuello de su hermano Tobías, rompió a llorar.* 7. *También lloraron su mujer Edna y su hija Sara.*

Evidentemente, habían llegado noticias de la desgracia de Tobit o si no Ragüel no sabría que su pariente se había quedado ciego. Lo lamentable es que un hombre justo y

---

[99] Aquí la web en español del gobierno de Irán a día de hoy con las ruinas de Ecbatana https://www.visitiran.ir/es/attraction/Sitio-Antiguo-de-Ecbatana

bueno, honrado y limosnero (es decir, un hombre que cumple con la ley, con la bondad, con la caridad) haya sufrido tanto dolor.

El hecho de que el autor haya tardado algo en revelar que Tobit era el padre de Tobías, cuando éste ya estaba en diálogo con Ragüel, o el gesto de echarse al cuello y llorar, junto con su mujer y su hija, que se nos introduce ahora, son recursos literarios para situarnos en la acción de una manera viva, ilustrando nuestra imaginación. Nótese, otra vez, el uso de la palabra hermano, que en estos capítulos llega casi al exceso.

8. *Mató luego un carnero del rebaño y los acogió con toda cordialidad.*

Esta recepción amorosa echándose al cuello y matando al animal cebado, a veces es un carnero (*2 Sm 6, 13*) a veces un ternero, recuerda mucho, y a nuestro juicio debió influir, en la escritura de *Lc 15, 11-32*, es decir, la parábola del Hijo pródigo. Otro ejemplo más de como muchas de las cosas de este libro influyeron en los Evangelios. Igualmente, en tiempos remotos, Abrahán había matado un becerro en honor de un misterioso visitante (*cf. Gn 18, 1-8*).

9. *Después de lavarse y bañarse, se pusieron a comer. Tobías dijo entonces a Rafael: «Hermano Azarías, di a Ragüel que me dé por mujer a mi hermana Sara.»*

Esta práctica judía de no comerse sin lavarse y bañarse se refleja también en *Mc 7, 1-8,* sobre la que Jesús llega a decir que es una tradición de hombres, pero los judíos la observaban con absoluto rigor[100].

El hecho de que tenga que ser Azarías quien interceda por el joven frente a su padre no es un mandato que aparezca en ninguna parte de la Biblia, pero los casos de enviados que interceden por el novio son varios y muy importantes, como el que antes citamos de Eliezer de Damasco intercediendo ante la familia de Rebeca por Isaac (*cf. Gn 24*). Quizás el hecho de que Jacob no tuviera nadie que intercediera por él fue parte de lo que facilitó que Labán pudiera engañarlo con sus dos hijas *(Gn 29, 13-34)*. En el mundo antiguo, y con esto nos referimos a todo aquel previo a la disolución de los lazos familiares mayores (es decir, todos menos los nucleares) que trajo la revolución industrial, el individuo siempre es miembro de una familia mayor, y rara vez se dirige por sí mismo a pedir a la novia.

Los estudios antropológicos parecen indicar que el neolítico, sea por la domesticación de animales y plantas, vinculado al crecimiento de los grupos, a su sedentarización total o relativa, al incremento de sus pertenencias materiales, a la mayor preocupación por la herencia o por otras razones, fue limitando progresivamente, y reglando normativamente, el acceso entre los sexos que antes, en los pequeños grupos paleolíticos u horticultores en camino de sedentarizarse, sería más libres y espontáneo[101].

---

[100]   En el Corán se enseñan cosas parecidas sobre la limpieza antes de ir a la mezquita, Sura 5, aleya 6 (*Surat Al-Mā'idah*).

[101]   *Cf.* Philip Kottak: *Antropología cultural*. 11.ª edición. Mcgraw-Hill. 2006. Cap. 1: *El matrimonio.*

10. *Al oír Ragüel estas palabras dijo al joven: «Come, bebe y disfruta esta noche, porque ningún hombre hay, fuera de ti, que tenga derecho a tomar a mi hija Sara, de modo que ni yo mismo estoy facultado para darla a otro, si no es a ti, que eres mi pariente más próximo. Pero voy a hablarte con franqueza, muchacho.*

Vemos como a veces la división de versículos no está muy bien hecha. Después de próximo debería acabar el versículo 10 y el 11 debería comenzar en «pero voy a...»

11. *Ya la he dado a siete maridos, de nuestros hermanos, y todos murieron la misma noche que entraron donde ella. Así que, muchacho, ahora come y bebe y el Señor os dará su gracia y su paz.» Pero Tobías replicó: «No comeré ni beberé hasta que no hayas tomado una decisión acerca de lo que te he pedido.» Ragüel le dijo: «¡Está bien! A ti se te debe dar, según la sentencia del libro de Moisés, y el Cielo decreta que te sea dada. Recibe a tu hermana. A partir de ahora, tú eres su hermano y ella es tu hermana. Tuya es desde hoy por siempre. Que el Señor del Cielo os guíe a buen fin esta noche, hijo, y os dé su gracia y su paz.»*

La expresión «el Señor os de su gracia y su paz» es una bendición tradicional hebrea que resuena desde *Gn 6, 8* (Noé) ; *Gn 39, 21* (José), *Nm 6, 24-26; Sal 84, 11*, etc. y de allí pasó al Cristianismo (*cf. 2 Co, 1, 2*)

Más que como un gesto de mala educación impaciente, la negativa del joven a comer o beber —es decir que hace ayuno— es un gesto de hombría y al mismo tiempo es la preparación para las cosas de Dios: la concentración en las cosas que nos importan. El ayuno delante de las grandes decisiones y pruebas aparece constantemente en la Biblia, tanto en el Antiguo Testamento (más en un contexto de luto o penitente, *cf. 2 Sm 12, 16*) como en el Nuevo, en un contexto de preparación y entrega a la voluntad de Dios (*cf. Mt 4, 2-4*).

El hecho de que se hable del libro de Moisés como ya escrito ha hecho que muchos autores quieran retrasar en exceso este texto, ya que a su vez fechan la redacción del Pentateuco tardísimamente, con todos sus libros postexílicos. El criterio es circular como se ve: porque hemos datado el Pentateuco, en su última redacción, tan tarde, deducimos que un libro que hace referencia a él ha de ser forzosamente posterior. Lo cierto es que no hay consenso sobre cuándo se pusieron por escrito cada uno de los libros del Pentateuco, ni tampoco sobre cuántas redacciones hubo (aunque generalmente se piensa que debió de haber varias redacciones hasta que los libros adquirieron su forma definitiva).

Una religiosidad en la que la Ley escrita tiene este peso y en el que no hay sacerdotes, suena a una comunidad post Josías y pre Esdras. Es decir, entre el 609 a.C. en que murió el rey Josías y el 458 en que Esdras llega a Jerusalén e impone su visión de la religión judía.

También la elipsis *«El Cielo»*, por Dios, se cita en apoyo de una datación tardía, pero no es seguro. En cambio, la expresión «el Señor del cielo», como ya explicamos, es antiquísima entre los semitas y se encuentra en tabillas acadias del tercer milenio antes de Cristo (Véase: S. N. Kramer: Sumerian Mythology: A Study of Spiritual and Literary Achievement in the Third Millennium B.C. Ed. University of Pennsylvania Press, 1998).

Nótese el uso otra vez de las palabras hermano y hermana como el vínculo más fuerte que se puede crear en la tierra. Todos los miembros de Israel son hermanos, todos los miembros de una tribu patriarcal son hermanos, los de un mismo clan también lo son y ahora aquí marido y mujer también reciben ese apelativo. No es extraño que el Nuevo Testamento utilizase este término para referirse a los que forman la comunidad fundada por Jesús en el seguimiento del Padre (cf. Mt 12, 46-50 y par.) Igualmente, de textos como este, deberíamos aprender a ser mucho más prudentes en la identificación de posiciones familiares modernas por las palabras hermano-a en la Biblia (como se hace frecuentemente por parte del protestantismo respecto del parentesco de Jesús).

«Tuya es desde hoy por siempre». No es menor detalle esta idea de que el matrimonio es para siempre; no se hace referencia al repudio, por ejemplo. Obviamente sería muy poco cortés y anticlimático hablar de repudios y divorcios el día de la boda, no estiremos más el argumento.

Las frases desde «a ti se te debe dar...» hasta el final del versículo podrían ser las de un rito matrimonial judío si suponemos que «llamó Ragüel a su hija Sara» que aparecerá en el próximo versículo, ya lo había dicho antes. Así, si sumamos: «A ti se te debe dar, según la sentencia del libro de Moisés, y el Cielo decreta que te sea dada. Recibe a tu hermana. A partir de ahora, tú eres su hermano y ella es tu hermana. Tuya es desde hoy por siempre. Que el Señor del Cielo os guíe a buen fin esta noche, hijo, y os dé su gracia y su paz.» y «Recíbela, pues se te da por mujer, según la ley y la sentencia escrita en el libro de Moisés. Tómala y llévala con bien a la casa de tu padre. Y que el Dios del Cielo os guíe en paz por el buen camino» del versículo siguiente, tendríamos las palabras que se utilizaban en un antiguo rito judío matrimonial: lo proponemos a la consideración de los investigadores.

12. *Llamó Ragüel a su hija Sara, y cuando ella se presentó, la tomó de la mano y se la entregó a Tobías, diciendo: «Recíbela, pues se te da por mujer, según la ley y la sentencia escrita en el libro de Moisés. Tómala y llévala con bien a la casa de tu padre. Y que el Dios del Cielo os guíe en paz por el buen camino.»*

También la Biblia abunda en versículos sobre el buen y el mal camino, sobre todo en el libro de los Proverbios, pero eso tampoco nos ayuda demasiado a datar nuestro texto, porque una vez más no está claro cuándo se escribió este libro que la tradición atribuye a Salomón (siglo X. a.C.), que sabemos que varios de sus proverbios eran conocidos ya en tiempos del rey Ezequías (durante la época de la invasión asiria de Judá a finales del siglo VIII a.C.) pero en el que, por otro lado, aparecen arameísmos, (lo cual, a nuestro juicio, por sí sólo no es un elemento para retrasar mucho la datación, porque sabemos que ya en el siglo VII a.C. el arameo se estaba convirtiendo rápidamente en la *lingua franca* del Próximo Oriente antiguo, como se ve en *2 Re 18, 26*).

13. *Llamó luego a la madre, mandó traer una hoja de papiro y escribió el contrato matrimonial, con lo cual se la entregó por mujer, conforme a la sentencia de la ley de Moisés.*

Algunos de los autores que afirman que este libro se escribió mucho tiempo después y en Egipto se basan, junto al dato que veremos después de la huía del demonio a Egipto, en que Ragüel conoce y usa el papiro. Deben olvidar que Asiria había conquistado Egipto en el 677 a.C. y que el Egipto posterior vivió, en gran medida, de sus exportaciones de trigo, lino y papiro hasta las guerras de los diadocos.

Igualmente, el hecho de firmar un contrato matrimonial parecería propio de una sociedad muy avanzada, civilizada y por tanto tardía, y en eso se han apoyado también ciertas afirmaciones que han querido modernizar la data de este libro, pero las sociedades proximoorientales conocían los contratos matrimoniales entre particulares ¡en el 2000 antes de Cristo[102]!

14. *Y acabado esto, empezaron a comer y beber.*

Este comer y beber no es el banquete de bodas esto llegará más tarde.

15. *Ragüel llamó a su mujer Edna y le dijo: «Hermana, prepara la otra habitación y lleva allí a Sara.»*

Nótese, por enésima vez, el uso de la palabra hermana entre marido y mujer. Que casi en voz baja, como nos lo imaginamos, Ragüel le diga a su esposa que prepare la habitación de Sara, cuando sabemos que allí han ocurrido tantas desgraciadas, es un momento climático del escritor que con maestría nos traslada otra vez a la acción.

16. *Ella fue y preparó un lecho en la habitación, tal como se lo había ordenado, y llevó allí a Sara. Lloró ella y luego, secándose las lágrimas, le dijo: «Ten confianza, hija: que el Señor del Cielo te dé alegría en vez de esta tristeza. Ten confianza, hija.» Y salió.*

Este tener confianza, es tener confianza en Dios (el Señor del Cielo) y es una de las vertientes de lo que llamamos fe, lo que Cristo pide continuamente en el evangelio. (*Cf. Mt 17, 20: «si tuvierais la fe un grano de mostaza...»*) es decir, la confianza en que todo lo que ocurre, ocurre por designo de Dios en beneficio de los que le aman, si estos le aceptan por la fe. Esto es lo que la madre le pide a su hija, tras la durísima prueba que lleva arrostrando, para que se cumpla la voluntad de Dios y su felicidad. En ese sentido Sara y Tobías casi parecen unos nuevos Isaac y Abrahán delante del sacrificio en el que, a pesar de todo, deben de tener confianza en Dios. Por cosas como estas es por lo que pueden ser tomados también como figuras de Cristo.

---

[102] https://terraeantiqvae.com/m/group/discussion?id=2043782%3ATopic%3A428856 Nótese que es una fecha aproximada a la que se suele fechar la posible vida de Abrahán y que, curiosamente, se habla del caso del propio Abrahán: la posibilidad del marido de engendrar un hijo con una esclava que pasa a ser hijo suyo sin que se tenga divorciar de la esposa (es decir sin la institución, probablemente anterior, del repudio por esterilidad, ¿casualidad?

Capítulo 8

1. *Cuando acabaron de comer y beber, decidieron acostarse, y tomando al joven le llevaron al aposento.*

Que se vaya a consumar la boda en la primera noche, en casa de los padres de Sara, sin festividad alguna y sin hacer público el casamiento suena extraño. ¿Es un recurso literario para aportar dramatismo a la historia?

2. *Recordó Tobías las palabras de Rafael y, tomando el hígado y el corazón del pez de la bolsa donde los tenía, los puso sobre las brasas de los perfumes.*

No sería de extrañar que entre la gran masa de literatura asirio-acadia-babilónica que conservamos encontrásemos rituales de exorcismo semejantes, como dijimos. Que no las tengamos aún integradas en nuestras reconstrucciones históricas no ocurre sólo porque, cada cierto tiempo, las excavaciones siguen proporcionándonos más y más tabillas, sino porque, con frecuencia, la labor de traducción se alarga durante décadas, de modo que podemos disponer de un conocimiento que aún no somos conscientes de tener[103]. Como siempre la novedad de la Biblia no resulta de no conocer los mitos de otros pueblos, sino en integrarlos en su visión monoteísta en la que todo sirve al Dios único.

3. *El olor del pez expulsó al demonio que escapó por los aires hacia la región de Egipto. Fuese Rafael a su alcance, le ató de pies y manos y en un instante le encadenó.*

En el *Libro de los muertos* egipcio hay un conjuro para atar a los demonios que quieren hacernos mal. En ese caso el gran demonio Apopi[104] pero dudaríamos en afirmar que es suficiente para señalar la similitud entre ambos textos:

---

[103] Por ejemplo, en esta noticia se nos habla de decenas de miles de tabillas en las cuales se han encontrado citados más de dos docenas de nuevos emplazamientos asirios por excavar. https://terraeantiqvae.com/profiles/blogs/descubren-26-nuevas-ubicaciones-de-ciudades-asi-rias-tras-analizar En esta otra noticia se nos informa de que se han encontrado más de medio millón de tabillas escritas en acadio y de que hemos desarrollado una inteligencia artificial para facilitar su traducción. La cantidad de información que tal masa de textos puede proporcionar tardará décadas en ser integrada en las reconstrucciones históricas al uso. https://www.elcon-fidencial.com/tecnologia/novaceno/2023-06-20/inteligencia-artificial-secretos-tablas-cuniformes_3668776/ Con frecuencia se nos olvida que traducir textos antiguos no es tan sencillo como pudiera parecer. En estos casos, como a la hora de traducir el egipcio, nos encontramos entre los expertos traducciones enormemente dispares, que al lego sorprenden por sus diferencias. Por ejemplo, las traducciones de Champollion son hoy prácticamente inservibles para ningún egiptó-logo. Esto no se resolverá hasta que los griegos inventen las vocales y todos los signos necesarios para puntear un texto, pero en las tablillas más antiguas, que en muchos casos no son sino anotaciones de registros económicos o himnos litúrgicos y similares, no siempre es fácil saber de qué se está hablando, con precisión.

[104] https://www.mercaba.es/articulos/libro_de_los_muertos_del_antiguo_egipto.htm

«Retrocede y aléjate de aquí, oh Apopi, o serás asfixiado en las honduras del lago del Cielo, allí donde tu Padre celestial había ordenado que murieses. Aléjate del sitio donde da la luz Ra. Retrocede pues, demonio, ante los rayos de la luz de Ra. Los dioses destrozan tu pecho, la diosa Maat te impulsa lejos de su senda. Desaparece, pues, Apopi, tú que eres adversario de Ra. Desearías surcar las regiones orientales del Cielo esparciendo la destrucción entre truenos. Pero de pronto Ra abre las puertas del horizonte, en el instante mismo en que tú apareces, y te destroza y te hunde. Apopi ha sido derribado por Ra, ha sido atado y encadenado por las divinidades. Todas ellas te encadenan, y Ra está conforme. Apopi ha sido abatido, se aleja el enemigo de Ra. Tú serás eternamente emasculado, tú, Apopi, el adversario de Ra. No gozarás ya de los placeres del amor, porque Ra te detesta y ha cortado mil veces tu cara, y golpeado tu cabeza, y fracturado tus huesos y seccionado tus miembros. Él te hace retroceder, y por él has sido condenado» (Imprecación XXXIX).

Esto de que el demonio huya por los aires parece tener un eco en las afirmaciones de san Pablo de que Satanás es el príncipe de las potestades del aire (*cf. Ef. 2, 2*)

4. *Los padres salieron y cerraron la puerta de la habitación. Entonces Tobías se levantó del lecho y le dijo: «Levántate, hermana, y oremos y pidamos a nuestro Señor que se apiade de nosotros y nos salve.»*

Tobías y Sara cumplen con el encargo piadoso del ángel de santificar el matrimonio por la referencia y la encomienda a Dios de sus vidas. Esa es la gran diferencia entre el ayuntamiento de un pagano y de un judío como dijimos. El estar en una habitación solos rezando tiene un eco en *Mt 6, 6*.

5. *Ella se levantó y empezaron a suplicar y a pedir el poder quedar a salvo. Comenzó él diciendo: ¡Bendito seas tú, Dios de nuestros padres, ¡y bendito sea tu Nombre por todos los siglos de los siglos! Bendíganle los cielos, y tu creación entera, por los siglos todos.* 6. *Tú creaste a Adán, y para él creaste a Eva, su mujer, para sostén y ayuda, y para que de ambos proviniera la raza de los hombres. Tú mismo dijiste: No es bueno que el hombre se halle solo; hagámosle una ayuda semejante a él.* 7. *Yo no tomo a esta mi hermana con deseo impuro, sino con recta intención. Ten piedad de mí y de ella y podamos llegar juntos a nuestra ancianidad.* 8. *Y dijeron a coro: «Amén, amén.»*

Vemos como la súplica está llena de pensamientos piadosos y cómo se retrotrae hasta Adán, como hará Cristo en su polémica con los saduceos sobre el matrimonio, el único otro lugar en el que, posterior a la ley de Moisés, se asume el matrimonio como indisoluble. (*cf. Mt 19, 1-11*). En cuanto al tema del deseo impuro también lo trata Cristo en *Mt 5, 28-29*. Por otro lado, el código de derecho canónico de la Iglesia católica sigue recogiendo estas dos enseñanzas de aquí como los fines propios del matrimonio, la ayuda mutua entre los cónyuges y la procreación y crianza de los hijos. (*Codex Iuris Canonici*, c. 1055)

9. *Y se acostaron para pasar la noche. Se levantó Ragüel y, llamando a los criados que tenía en casa, fueron a cavar una tumba,*

La situación es tremendamente dramática porque pese al ímpetu del joven, Ragüel le ha advertido de que es muy posible no sobrevivir a la noche y, temiendo que en efecto ocurra, se va, nada más y nada menos, que a cavar una tumba. Recordemos que el libro empezaba con el padre del muchacho enterrando, justo antes de un banquete, a un israelita muerto y se diría que tal va a ser el destino de Tobías. Vemos como en narrador ha ido entrelazando magistralmente las imágenes del relato, pero cambiándolas en su resolución para mostrar la misericordia de Dios.

10. *porque se decía: «No sea que haya muerto y nos sirva de mofa y escarnio.»*

Debemos hacer notar este tema de la mofa y el escarnio, que tan grave había sido ya para Sara y que la había impelido al suicidio. Sólo la vergüenza que recaería sobre sus padres había detenido su acción. Por supuesto, todos los seres humanos somos sensibles a la burla y la humillación, pero este sentimiento parece estar culturalmente exagerado hasta el paroxismo en los pueblos semitas, de hecho, el Corán habla continuamente de «no quedaré avergonzado» o «humillado», donde un europeo habría dicho defraudado. Son formas diferentes de organizar la sensibilidad ante la adversidad en la vida[105].

11. *Cuando tuvieron cavada la tumba, volvió Ragüel a casa, llamó a su mujer 12. y le dijo: «Manda a una criada que entre a ver si vive; y si ha muerto, le enterraremos sin que nadie se entere.»*

Se puede seguir el tremendo dramatismo de la situación.

13. *Mandaron a la criada, encendieron la lámpara y abrieron la puerta; y entrando ella vio que estaban acostados juntos y dormidos. 14. Salió la criada[106] y les anunció: «Vive, nada malo ha ocurrido.» 15. Ragüel bendijo al Dios del Cielo, diciendo: ¡Bendito seas, oh Dios, con toda pura bendición y seas bendecido por los siglos todos!*

Aquí comienza un bellísimo canto de triunfo de Ragüel, que es todo él una bendición al Altísimo. La bendición, que podríamos entenderla desde una teología, una antropología y una psicología del agradecimiento, supone una exultación del alma en Dios por su belleza, su grandeza, su nobleza y los beneficios que de Él se reciben. Lo extraordinario del judaísmo, primero, y del cristianismo después, es que los santos bendicen incluso en la adversidad más extrema, reconociendo así que, incluso de tales pruebas, Dios sacará un bien mayor para su obra en las almas. Por eso mismo la mujer de Job, que no tenía la fe ni la santidad de su marido, le exhortaba a maldecir a Dios en ese tremendo

---

[105] La cantidad de versículos (aleyas) que en el Corán hablan de la humillación de los malvados (judíos, cristianos, paganos, malvados en general) y del creyente (el cual no será humillado) es casi incontable, un modo permanente de hablar. *Cf. Sura de la vaca (2), aleya 114; Sura 6, 124; 7, 13; 7, 119; 7, 137; 7, 152, etc.*

[106] ¿La misma que la había maldecido al principio?

texto que ya referimos (*Job 2, 9-10*: «*⁹Su mujer le dijo: «¿Todavía persistes en tu honradez? Maldice a Dios y muérete». ¹⁰Él le contestó: «Hablas como una necia. Si aceptamos de Dios los bienes, ¿no vamos a aceptar los males?»*

La mentalidad de ella es la mentalidad mundana o pagana, de religiosidad natural diríamos: bien por bien, mal por mal. Dios es todopoderoso, puede salvarme y darme lo que necesito, debe socorrerme en el día de mi angustia; pero los verdaderos creyentes van más allá de ello aceptando la voluntad de Dios a un nivel cada vez más profundo. Lo que en Job es todavía una cierta rebeldía contra los designios de Dios y la necesidad de entender −convoca a juicio incluso al Altísimo−: *³²No es un hombre como yo para decirle: «Vayamos juntos a juicio». ³³Si al menos hubiera un mediador, que pusiera su mano entre los dos, ³⁴que retirara su vara de mi espalda para librarme del terror que me atenaza, ³⁵entonces hablaría sin temerle, pues creo que no soy culpable». (Job 9, 32-35)* en Cristo se ha llegado ya al final de este proceso: *«Padre, si quieres, aparta de mí este cáliz; pero que no se haga mi voluntad, sino la tuya». (Lc 22, 42)*. Cristo ya no convoca a juicio a Dios, no se rebela para intentar comprender, se sabe inocente y no pretende vindicarse ante Dios, sabe que todo ocurre por designio del Altísimo para realizar la obra de la Redención, su fe es aún mayor que la de Job y realiza lo que Job 13, 15-16 prometía: *«aunque me de la muerte, esperaré en Él»*. Sabemos que Dios no permitió a Satanás matar a Job y que, tras sus terribles pruebas, lo vindicó delante de los demás reponiéndole su salud y sus bienes, reconviniendo de paso a los «amigos» del sufriente Job (*cf. Job cap. 42*). En cambio, Cristo murió y no abrió la boca pues sabemos ya cómo el famoso *Elí, Elí lemá sabactaní, (Mc 15, 34)* no es, como pretendió Reimarus[107], y ha aceptado la erudición moderna e incluso muchos sacerdotes de la Iglesia católica, un quebrarse de Cristo en la prueba, sino todo lo contrario, es el comienzo de la recitación del salmo 22, que acaba siendo un himno a la gloria a Dios y de la felicidad del orante que cantará sus maravillas ante la gran asamblea[108]. Por otro lado, la vindicación de Cristo por parte de Dios no se refiere ya a bienes temporales caducos sino a la resurrección y el adquirir

---

[107]   Famoso masón anticristiano, y mas aún anticatólico, alemán, que inició la famosa búsqueda del Jesús histórico, caracterizada en esa tradición por la destrucción de todo lo sobrenatural de la religión cristiana a fin de sustituirla por una religión sin revelación del gusto de la ilustración. Extrañamente, su obra no se ha traducido al español, que sepamos, aunque sabemos que esto ha sido un proceder muy frecuente entre los estudiosos destinados a impugnar primero la doctrina de la Iglesia sobre Cristo y, posteriormente, la misma historicidad de Cristo: no publicar muchas veces los textos sino darlo por cosa conocida sin necesidad de demostrarse por el «común conocimiento de la materia». Esto ha dificultado enormemente la lucha de la Iglesia contra el modernismo teológico, sobre todo en materia escriturística, ya que, con frecuencia, no hay explicaciones coherentes y sistemáticas de lo que se afirma, sino referencias aquí y allá que citan a otros autores e ideas como cosa incontrovertible, en nuestra opinión, más para generar opinión pública y minar las convicciones morales de los cristianos que para establecer un debate intelectual en sus justos términos.

[108]   Para un análisis más detallado de este salmo véase: Jacobo Negueruela y Álvaro Berrocal, *Evangelio de Marcos, historia cultural*. Ed. Thémata. Sevilla, 2021.

la Gloria de la divinidad entronizada: «*a quien Dios resucitó, poniendo fin a la agonía de la muerte, puesto que no era posible que Él quedara bajo el dominio de ella*». (*Hch 2, 24*). «*Por lo cual Dios le exaltó hasta lo sumo, y le dio un nombre que es sobre todo nombre, para que en el nombre de Jesús se doble toda rodilla de los que están en los cielos, y en la tierra, y debajo de la tierra; y toda lengua confiese que Jesucristo es el Señor, para gloria de Dios Padre*». (*Flp. 2, 9-11*). Finalmente, en Cristo, todo se convierte en bendición permanente al Padre, v.g.: «*Yo te bendigo, Padre, (...) porque has ocultado estas cosas a los sabios e inteligentes, y se las has revelado a los pequeños*» (*Mt 11, 25*).

16. *Seas bendecido por haberme alegrado y no haber ocurrido el mal que temía, sino que has hecho con nosotros según tu gran piedad.* 17. *Seas bendecido por tener compasión de dos hijos únicos. Ten, Señor, piedad de ellos y dales tu salvación, y haz que su vida transcurra en alegría y piedad.*

18. *Después ordenó a sus criados que rellenasen la fosa antes que amaneciera.* 19. *Mandó a su mujer cocer una gran hornada; y él fue al establo, tomó dos bueyes y cuatro carneros y ordenó que los aderezaran. Y comenzaron los preparativos.* 20. *Hizo llamar a Tobías y le dijo: «Durante catorce días no te moverás de aquí; te quedarás conmigo comiendo y bebiendo y llenarás de gozo el corazón de mi hija por sus tristezas pasadas.* 21. *Luego, tomarás la mitad de todo cuanto aquí poseo y te volverás con felicidad a casa de tu padre. Cuando mi mujer y yo hayamos muerto, también será para vosotros la otra mitad. Ten confianza, hijo; yo soy tu padre y Edna tu madre; junto a ti estaremos y junto a tu hermana desde ahora en adelante. Ten confianza, hijo.»*

Estos 14 días se asemejan mucho más al tipo de bodas que conocemos entre los pueblos semitas, eso sí, para las clases pudientes. Es la diferencia entre el desposorio como «contrato» en el que se prometen los cónyuges en matrimonio[109], y las bodas mismas. En cuanto al tema de las herencias y los porcentajes que los hijos pueden disponer aún en vida de sus padres, y si es con o sin la aquiescencia de ellos, puede verse la compleja legislación judía en la Misná (tratado de *Bava Batra*, cap. 8[110]). Nótese otra vez el uso de la palabra hermana para referirse a la esposa.

Vemos como la felicidad reina ya en esta historia que empezó con tan malos augurios. Estos «ten confianza» de Raguel sobre Tobías reproducen los de la madre de Sara sobre su hija, y los del ángel sobre Tobit y Tobías se ha logrado ya la primera parte del milagro de Dios sobre esta familia —la liberación de Sara— y ahora toca la segunda, la curación de Tobit.

---

[109] Aunque a todos los efectos ya están casados.
[110] *La Misná*, Sígueme, ed. Carlos del Valle, 2011.

Capítulo 9

1. *Entonces Tobías llamó a Rafael y le dijo:*

2. *«Hermano Azarías, toma contigo cuatro criados y dos camellos y vete a Ragués.*
3. *Dirígete a Gabael, dale el recibo y hazte cargo del dinero; invítale también a que se venga contigo a la boda.*

Unos apuntes sobre esta idea del recibo partido por la mitad y su evolución conceptual que desarrollen lo que dijimos antes. Esta idea es la que, en Grecia, engendró el concepto de *symbolon*, un trozo de óstraca (en singular óstracon, del griego *óstrakon*) partido por la mitad, en la que al unirse con el del otro poseedor componían el contrato aceptado por las dos partes. De ahí se pasó a la idea de que una parte del texto o de las óstraca, la conocida, remitía necesariamente a la otra, la desconocida. Sólo posteriormente se empezó a entender en un sentido figurado el símbolo como referencia a otra cosa, la cual no tiene por qué existir, al menos en la forma en que nosotros conocemos la existencia, sino que se toma algo conocido por algo desconocido sin que haya que entender lo conocido como verdadera realidad de lo desconocido, sino como alegoría o metáfora. De ahí vendrán, en época moderna, grandes controversias, como las planteadas, por ejemplo, por el calvinismo o el anabaptismo, que afirman que tomar las declaraciones del capítulo 6 del Evangelio según san Juan sobre el cuerpo y la sangre de Cristo como realidades, y no en su sentido simbólico, es una torpeza increíble: *[51]Yo soy el pan vivo que ha bajado del cielo; el que coma de este pan vivirá para siempre. Y el pan que yo daré es mi carne por la vida del mundo». [52]Disputaban los judíos entre sí: «¿Cómo puede este darnos a comer su carne?». [53]Entonces Jesús les dijo: «En verdad, en verdad os digo: si no coméis la carne del Hijo del hombre y no bebéis su sangre, no tenéis vida en vosotros. [54]El que come mi carne y bebe mi sangre tiene vida eterna, y yo lo resucitaré en el último día. [55]Mi carne es verdadera comida, y mi sangre es verdadera bebida. [56]El que come mi carne y bebe mi sangre habita en mí y yo en él. [57]Como el Padre que vive me ha enviado, y yo vivo por el Padre, así, del mismo modo, el que me come vivirá por mí. [58]Este es el pan que ha bajado del cielo: no como el de vuestros padres, que lo comieron y murieron; el que come este pan vivirá para siempre». (Jn 6, 51-57).*

A pesar de que la Iglesia siempre ha entendido que éste, y otros textos similares, se escribieron para demostrar la verdad de la predicación de Cristo y contra los docetismos que, ya en la Antigüedad, como haría el protestantismo reformado y sus descendientes después, negarían la realidad de la transustanciación, hoy día cada vez más parece que la opinión docética o simbólica se impone[111] y, por una vez, la culpa no es de la jerarquía ni de los ministros que, en su gran mayoría, han defendido siempre la presencia real de Cristo en las especies eucarísticas[112].

---

[111]   https://www.aciprensa.com/noticias/76824/solo-un-tercio-de-catolicos-en-eeuu-cree-que-la-eucaristia-es-el-cuerpo-de-cristo

[112]   El problema con las explicaciones simbólicas es que no se sabe cuándo parar: ¿el concepto de Hijo de Dios es también un símbolo? ¿Y el del Espíritu Santo? ¿Y el del perdón de los pecados?

4. *Tú sabes que mi padre lleva cuenta de los días, y uno solo que demore, le doy un gran disgusto;* 5. *ya ves que Ragüel me ha conjurado, y que no puedo desatender su deseo.» Rafael se puso en camino para Ragués de Media con los cuatro criados y los dos camellos y fueron a pernoctar en casa de Gabael. Le presentó el recibo y le dio la noticia de que Tobías, hijo de Tobit, se había casado y le invitaba a la boda. Gabael se levantó, le entregó todos los sacos de dinero, con los sellos intactos, y los cargaron sobre los camellos.*

Gabael también aparece como el ejemplo de hombre probo y honrado, como un buen judío debe de ser con otro hermano suyo. Seguimos en la línea edificante de justas personalidades judías.

6. *Levantándose de madrugada, partieron juntos para la boda y llegados a casa de Ragüel encontraron a Tobías puesto a la mesa. Y como se levantara a toda prisa para saludarle, Gabael rompió a llorar y le bendijo diciendo: «¡Hombre bueno y honrado, hijo de un hombre honrado y bueno, justo y limosnero! Que el Señor te conceda las bendiciones del cielo a ti, a tu mujer, al padre y a la madre de tu mujer. ¡Bendito sea Dios, que me ha permitido ver un vivo retrato de mi primo Tobit!»*

Vemos como la felicidad se expresa en este libro en un banquete de bodas. Otra de las muchas referencias que el Evangelio hará a este libro sin referirlo directamente (*cf. Mt 22, 1-14*). Igualmente, el salmo 23 (22) ya había referido la felicidad como un banquete preparado por Dios. Del mismo modo la retórica de Gabael es un alud de bendiciones, reforzando lo que ya explicamos sobre la bendición como el mayor deseo de amor de un corazón vertible en palabras para los demás. Las bendiciones son para Dios que da tanta dicha. Es la manera correcta en la que debe vivir el creyente, bendiciendo a Dios en todo y más aún en los grandes bienes que nos regala.

Reaparece la idea, tantas veces repetida en este libro, de que las obras de caridad son las que nos hacen buenos y honrados, esta obviedad humana y divina es algo que Lutero, Calvino y los protestantes, hasta hoy, no pueden aceptar[113].

¿Y el de encarnación? Fijémonos como el propio lenguaje marca las mentalidades y viceversa: lo que para la Iglesia católica son realidades tal y como dicen las palabras y apoyadas en la autoridad de la tradición, para el protestantismo, o el modernismo teológico, son conceptos, ideas... la cosa ya se ha deslizado mucho y bajo la apariencia de las mismas palabras se habla desde conceptos y desde cosmovisiones distintas. Tampoco se entiende bien por qué este texto de san Juan hay que entenderlo de manera simbólica cuando la «*sola escritura*» no lo dice, de modo que, en el protestantismo, la teología a veces se hace entendiendo la sola escritura en un sentido ultraliteral (como en muchas ocasiones se hace con el A. Testamento) y otras veces, sin que se entienda qué justifica el cambio de criterio, en un sentido simbólico.

[113] *Cf.* M. Lutero, Prefacio a la epístola a los romanos (1522) https://elevangelistamexicano.org/wp-content/uploads/2017/01/prefacio-a-los-romanos-m-lutero.pdf ; Disputa de Heildelberg (1518) https://www.escriturayverdad.cl/wp-content/uploads/ObrasdeMartinLutero/15171520/1518LaDisputaciondeHeidelberg.pdf , Comentario a la epístola a los Gálatas (1535) https://sanadoctrina.org/comentarioagalatas.pdf, Artículo 4 de la confesión de Augsburgo (1530) (https://iglesialuterana.cl/doctrina-luterana/libro-de-concordia/confesion-de-augsburgo-i-xxi/#:~:text=Como%20Pablo%20

Capítulo 10

1. *Tobit, mientras tanto, llevaba cuenta, uno por uno, de los días de ida y vuelta. Cuando se cumplió el plazo sin que el hijo hubiera regresado, 2. pensó: «¿Habrá algo que le retenga allí? ¡Acaso haya muerto Gabael y no haya nadie que le entregue el dinero!» 3. Y empezó a ponerse triste.*

Todo este pasaje que estamos leyendo se parece enormemente a la parábola del hijo pródigo (*cf. Lc 15, 11-32*) demostrando otra vez la influencia que este texto ha tenido en el Nuevo Testamento. Ciertamente no es una influencia directa, sino reinterpretada con las categorías de la revelación de Cristo, pero en una continuidad y superación que hacen de este libro una lectura recomendable y piadosa, como siempre habían reconocido judíos y cristianos hasta hace pocas décadas. El padre está angustiado por su hijo.

4. *Ana, su mujer, decía: «Mi hijo ha muerto y ya no se cuenta entre los vivos.» Y rompió a llorar y a lamentarse por su hijo, diciendo: 5. «¡Ay de mí, hijo mío! ¡Que te dejé marchar a ti, luz de mis ojos!»*

Aquí también resuena un eco que recogerá Mateo como dijimos (*Mt 2, 18: «Se oyó una voz en Ramá, llanto y gran lamentación, es Raquel que llora a sus hijos, y no quiere ser consolada porque ya no existen».*)

6. *Tobit le dijo: «Calla, hermana, no pienses eso. Él está bien. Habrán tenido algún contratiempo allí, pero su compañero es hombre de fiar y uno de los nuestros; no te inquietes por él, que debe estar cerca.»*

Otra vez el uso de la palabra hermana (*ajot*, en hebreo).

7. *Ella le replicó: «Déjame, no intentes engañarme. Mi hijo ha muerto.» Y todos los días se iba a mirar el camino por donde su hijo había marchado. No creía a nadie. Y cuando se ponía el sol, entraba en casa y pasaba las noches gimiendo y llorando, sin poder dormir.*

Como el padre de *la parábola del hijo pródigo*, Ana espera cada día mirando el camino la vuelta de su hijo. Su aflicción es también parecida a la de la Magdalena al no encontrar al cuerpo de Cristo en la tumba. (*cf. Jn 20, 11-18*). Del mismo modo, su desolación se convertirá en breve en alegría desbordante. Hay una semejanza moral en los sentimientos de los personajes de este libro y de los pasajes del N. Testamento que estamos reseñando.

---

dice%20a%20los,fe%2C%20un%20solo%20bautismo».) Calvino aún exagera más la doctrina luterana, o la expresa de manera más clara, al decir en su *Institución de la Religión Cristiana* (1559) Libro III, Capítulo 11: *«Somos justificados únicamente por la misericordia de Dios, por medio de la fe en Cristo, sin ninguna consideración de nuestras obras.»*

8.   *Cuando pasaron los catorce días con que Ragüel había determinado celebrar la boda de su hija, se dirigió a él Tobías y le dijo: «Déjame regresar, porque estoy seguro de que mi padre y mi madre están pensando que ya no van a volver a verme. Así que te ruego, padre, que me permitas regresar al lado de mi padre. Ya te dije en qué situación le he dejado.»*

Es hermoso ver como Tobías ya llama a su suegro padre. Y nos hace otra vez ser muy cautos sobre cómo los autores judíos utilizan las palabras que hacen referencia a las posiciones familiares que, como vemos, es de un modo muy diferente a cómo lo hacemos en la época moderna entre los europeos.

9.   *Ragüel respondió a Tobías: «Quédate, hijo; quédate conmigo y yo enviaré mensajeros a tu padre Tobit para que le den noticias tuyas.» Pero Tobías replicó: «No. Te ruego que me permitas volver al lado de mi padre.»*

Ragüel, que ha visto sufrir tanto a su hija y que ve la bondad de Tobías, quiere retenerlo junto a sí, como Labán quiso retener a Jacob a su lado, aunque esta vez ya no por motivos espurios, económicos. Se impone la piedad del joven que quiere volver a su casa a reconfortar a sus padres.

10.   *Entonces Ragüel se levantó y entregó a Tobías su mujer Sara y la mitad de todos sus bienes, criados, criadas, bueyes y carneros, asnos y camellos, vestidos, plata y utensilios, 11. y les dejó partir gozosos. Al despedirse de Tobías le dijo: «¡Salud, hijo, y buen viaje! El Señor del Cielo os guíe a vosotros y a tu mujer Sara por buen camino y que pueda yo ver vuestros hijos antes de morir.»*

El salir lleno de bienes económicos siempre ha sido un motivo de bendición entre los hebreos: se habla así de las riquezas de Abrahán, de las disputas entre los pastores de éste y su sobrino Lot por los pozos de agua para sus rebaños por ser tantos, de cómo Jacob –que bajó sólo siendo 70 a Egipto– salió de ese país siendo 600 mil hombres (sin contar mujeres, niños ni ancianos) y después de que los egipcios les dieran sus alhajas de oro y plata (*cf. Ex 12, 35-36 y Ex 12, 37-38*), etc. Los hijos, por supuesto, como en la mayoría de las sociedades de la historia, son vistos como una inmensa bendición (*cf. Sal 127*). El poder ver a los hijos de los hijos es un tema de bendición que también aparece en otras partes de la Biblia (*cf. Sal 128, 6*).

12.   *A su hija Sara le dijo: «Vas al lado de tu suegro, pues desde ahora ellos son padres tuyos igual que los que te han engendrado. Vete en paz, hija. Que tenga buenas noticias de ti, mientras yo viva.» Y saludándoles, se despidió de ellos.*

Esta despedida también recuerda a la de Rebeca de sus padres para ir a ser la mujer de Isaac (*cf. Gn 24, 1-61*). Vemos cómo las costumbres, en cuanto a la dote, han cambiado: en aquella ocasión Abrahán colmó de regalos a sus parientes por su hija Rebeca, ahora en cambio Ragüel junto a su hija, envía la mitad de todas sus riquezas a Tobías. Es posible que tal cambio tenga que ver con el paso de una sociedad de pastores, en las que resulta difícil obtener parejas y que viven en los márgenes de las tierras civilizadas por la agricultura, a una sociedad de campesinos más prósperos que viven en aldeas o ciudades donde hay muchas más mujeres disponibles (ya no es un bien tan escaso) y donde mantener a una mujer puede ser una carga económica[114].

13. *Edna dijo a Tobías: «Hijo y hermano queridísimo: Que el Señor te devuelva y que yo viva hasta ver tus hijos y de mi hija Sara antes de morir. En presencia del Señor te entrego a mi hija en custodia; no le causes tristeza en todos los días de tu vida. Vete en paz, hijo. A partir de ahora, yo soy tu madre y Sara es tu hermana. ¡Ojalá pudiéramos vivir juntos todos los días de nuestra vida!» Y besando a los dos, los dejó partir llenos de gozo.*

Esta es una de las primeras veces que vemos a una mujer en la Biblia expresar sus sentimientos libremente en un contexto no religioso, es decir, no es Débora, Miriam, Hulda, etc. sino una simple mujer abriendo su corazón a su yerno. Notemos una vez más el uso de los términos hijo, comprensible, y hermano, extraño, para referirse al

---

[114] Aprovechamos para introducir dos reflexiones antropológicas. Primero, no es casual que una sociedad pastoril y camellera, como la árabe de los primeros decenios del islam, que vivía de las razias militares, haya reintroducido la poligamia en la historia, cuando ya estaba muy superada incluso entre el pueblo hebreo, y esto por los mismos motivos que aducimos aquí: dificultades para encontrar esposas en los márgenes de la civilización, dificultades para criarlas durante años hasta que sean fecundas (lo cual «explica» la tendencia de estos pueblos al feminicidio infantil y su preferencia por el rapto de mujeres ya adolescentes) y alta mortalidad de los varones que se trata de paliar teniendo cuantos más hijos se pueda y antes mejor. Y segunda reflexión: hasta tal punto llegan los motivos culturales a marcar nuestras vidas y pensamiento que cuando Claude Lévi-Strauss realiza su famosa tesis doctoral *Las estructuras elementales del parentesco* (1949), junto a la influencia cartesiana francesa de descomponer todo en sus elementos fundamentales, como si fuera una mecánica disponible para el análisis lógico, resuenan los ecos de la educación con su abuelo, el gran rabino de Versalles. Así cuando analiza el parentesco lo hace con este modelo que estamos viendo, el del intercambio (¿compra?) de mujeres como unión de dos familias, como había aprendido en el Antiguo Testamento por su educación judía. Mientras, otros autores, como Radcliffe-Brown, lo describían en términos de descendencia de un clan común al que había que mantener, típica referencia a como los pueblos germánicos, entre otros, organizaban su propio parentesco. Dicho de otro modo, atavismos culturales en forma de sofisticadas reflexiones «científicas». La tesis de Lévi-Strauss le van a servir a Simone de Beauvoir (*El segundo sexo*, 2017), al feminismo radical o Carole Pateman (*El contrato sexual*, 1988) para crear el mito de la maldad fundacional de los hombres, el patriarcado, que trata a las mujeres como esclavas o bienes de intercambio para alianzas políticas. Si algunos de estos autores hubiesen sido católicos habría descrito el parentesco desde la libertad de elección para la santificación de los cónyuges en el fin de tener hijos para gloria de Dios, pero no todas las propuestas intelectuales son igualmente aceptables por el *establishment* intelectual dominante. Esta idea del intercambio de mujeres y su sometimiento sexual también está muy presente en Freud, del cual nunca se puede hacer referencia a su origen judío, sin que se sepa muy bien por qué. Freud oculta también sistemáticamente sus fuentes no judías, como sus lecturas de Nietzsche o de von Hartmann, de donde tomó —nada más y nada menos— que el concepto de inconsciente, pero al parecer señalar el judaísmo del pensamiento de Freud nos convierte inmediatamente en antisemitas (¿?). Del mismo modo los primeros escritos contra el patriarcado moderno que conocemos que tuvieran un alcance extenso son los de Engels (*El origen de la familia, el estado y la propiedad privada*, 2013) que, aunque no era judío, bebía en todo de su fuente judía Marx.

yerno (se refiere a su hermandad como judíos). Este «en presencia del señor te entrego a mi hija» avanza en la línea casi sacramental del matrimonio, ya que no es un simple contrato civil sino un pacto que se hace «*En presencia del Señor*». El ideal de paz familiar y personal es muy hermoso. El marido no debe causarle tristeza a la mujer en todos los días de su vida, un pensamiento que podríamos catalogar como un feminismo sano. Como el hijo no debe causárselo a sus padres (*cf. Eclo 3, 6-16*). Llama a la esposa de Tobías su hermana y expresa el muy hermoso deseo de poder vivir juntos, ya que recordémoslo, el matrimonio no tiene otros hijos. La felicidad reina en la familia claramente bendecida por Dios.

14.   *Tobías salió de casa de Ragüel contento y gozoso, y bendiciendo al Señor del Cielo y de la tierra, rey de todas las cosas, porque había llevado a buen término su viaje. Bendijo a Ragüel y a su mujer Edna y les dijo: «Que pueda yo honraros todos los días de mi vida.»*

Otra vez la importancia de las bendiciones como la mayor expresión del amor del corazón en palabras, el deseo de la mayor bienaventuranza. Primero se bendice a Dios y acto seguido al prójimo. Como es obvio, el deseo final de Tobías hacia sus suegros refiere al 4.º mandamiento de la ley de Dios (*cf. Ex 20, 12; Dt 5, 16*).

Capítulo 11

1. *Cuando llegaron cerca de Kaserín, que está frente a Nínive, 2. dijo Rafael: «Tú sabes bien en qué situación dejamos a tu padre; 3. vamos a adelantarnos nosotros a tu mujer para preparar la casa, mientras llegan los demás.» 4. Prosiguieron, pues, los dos juntos; el ángel le dijo: «Toma contigo la hiel.» El perro seguía detrás de ellos.*

No hemos podido encontrar la referencia geográfica de Kaserín (o Caserín).

Es muy hermoso el detalle del perro, sobre todo porque los pueblos semitas no han sido demasiado adictos a los perros. Recuerda a la famosa escena de Ulises volviendo a Ítaca. Los dos hombres, preocupados por la suerte del padre de Tobías, se adelantan a la comitiva para quitar cuidado a Tobit. También, el hecho de adelantarse para preparar la casa a la mujer es profundamente humano y refleja una sensibilidad y una civilización desarrolladas.

5. *Estaba Ana sentada, con la mirada fija en el camino de su hijo. 6. Tuvo la corazonada de que él venía y dijo al padre: «Mira, ya viene tu hijo y el hombre que le acompañaba.»*

Es imposible no reconocer en este texto la afinidad con la parábola del hijo pródigo que narra san Lucas, en especial con el versículo 20: *«Y levantándose vino a su padre, y cuando aún estaba lejos se le llenaron las entrañas de misericordia y corrió por el camino y se le echó al cuello y le besaba»* (*Lc 15,20*). En este caso es la madre la que vela por el hijo, llena de ansiedad. Vemos como en este texto la presencia femenina es poderosa y esencial para la trama. La madre no se olvida del hombre que fue con él, lo cual no es sólo un recurso literario sino teológico.

7. *Rafael iba diciendo a Tobías, mientras se acercaban al padre: «Tengo por seguro que se abrirán los ojos de tu padre. 8.Untale los ojos con la hiel del pez, y el remedio hará que las manchas blancas se contraigan y se le caerán como escamas de los ojos. Y así tu padre podrá mirar y ver la luz.»*

Recordemos lo que otras veces hemos dicho de la importancia de la metáfora de la luz como símbolo de la vida y de la vida que da Dios, Señor de Vida. Aunque las operaciones de cataratas, que es lo más parecido que podemos encontrar a este nublamiento de los ojos de Tobit, se ensayaban ya desde el antiguo Egipto, no conocemos bien su grado de éxito. El papiro Ebers (ca. 1500 a.C.) parece hacer referencia a esta enfermedad cuando habla de la «ausencia de la luz»[115]. Aquí, en cualquier caso, lo importante es el hecho milagroso y el plan providencial de Dios, que ha hecho que todo finalmente acabe

---

[115]   https://www.medigraphic.com/pdfs/revmexoft/rmo-2009/rmo092p.pdf
http://www.egiptomania.com/literatura/medicos1.htm Se hace referencia a las manchas blancas en los ojos en Ebers 58, 6-15 y se habla de la hiel de un animal para curarlas, sólo que en vez de un pez es una tortuga.

bien. Igualmente, el tema de Jesús devolviendo la vista a los ciegos, como gran obra de misericordia, resuena por adelantado en este texto (*cf. Jn 9,6*).

9. *Corrió Ana y se echó al cuello de su hijo, diciendo: «¡Ya te he visto, hijo! ¡Ya puedo morir!» Y rompió a llorar.* 10. *Tobit se levantó y trompicando salió a la puerta del patio.*

Otra vez los recursos estilísticos nos hacen comprender el dramatismo de la escena. La madre ya puede morir y el padre camina a trompicones. Con sólo unas palabras la escena se nos hace extraordinariamente vívida y hermosa.

La expresión «ya te he visto ya puedo morir», es calcada a la que en el evangelio de san Lucas pronuncia el anciano Simeón al conocer al niño Jesús (*cf. Lc 2, 27-30*). Vemos otra vez como el Evangelio, en este caso el de Lucas, retoma motivos y palabras de este libro, a veces despreciado como no canónico.

11. *Corrió hacia él Tobías, llevando en la mano la hiel del pez; le sopló en los ojos y abrazándole estrechamente le dijo: «¡Ten confianza, padre!» Y le aplicó el remedio y esperó;* 12. *y luego, con ambas manos le quitó las escamas de la comisura de los ojos*[116].

Este milagro, como dijimos, recuerda, al que narra Juan *en Jn 9, 1-7* sobre el ciego de nacimiento. Recordemos que este tener confianza es tener fe en las palabras de Dios, confiar en su Providencia.

13. *Entonces él se arrojó a su cuello, lloró y le dijo: «¡Ahora te veo, hijo, luz de mis ojos!»*

El echarse al cuello, como signo de amor total y reconstruido tras tantas amarguras resuena también en el encuentro de Esaú y Jacob cerca de Seir (*cf. Gn 33, 10*). Son innumerables los himnos cristianos que usan esta metáfora de pasar del no ver al ver, del estar ciego a poder observar para referir el cambio que Cristo ha obrado en nuestras vidas[117].

14. *Y añadió: ¡Bendito sea Dios! ¡Bendito su gran Nombre! ¡Bendito todos sus santos ángeles! ¡Bendito su gran Nombre por todos los siglos!* 15. *Porque me había azotado, pero me tiene piedad y ahora veo a mi hijo Tobías. Tobías entró en casa lleno de gozo y bendiciendo a Dios con toda su voz; luego contó a su padre el éxito de su viaje, cómo traía el dinero y cómo se había casado con Sara, la hija de Ragüel, y que venía ella con él y estaba ya a las puertas de Nínive.*

Esta primera confesión «*me había azotado, pero me tiene piedad*» hay que ponerla en relación con *2 SM 7, 14*: «*le castigaré como castiga un padre a un hijo, le castigaré con vara y golpes de hombres, pero no apartaré de él mi benevolencia como aparté a Saúl, al que alejé*

---

[116]   Desconocemos si tiene alguna importancia, pero como ya hemos visto que san Lucas conocía bien este libro la curación de la ceguera de Saulo la narrará de una manera muy semejante «una especie de escamas» que se caen de los ojos de Pablo (*cf. Hch 9, 18*).

[117]   Quizás el más famoso, al menos en el ámbito anglosajón, es el muy popular *Amazing grace*, escrito por el clérigo inglés John Newton en 1779.

de mi presencia». Es decir, el castigo de Dios es salutífero y no una prueba de enojo. Hay que diferenciar entre el castigo y la maldición o condena. El castigo o la prueba pueden caer sobre el justo, para expiar sus pecados y hacerle avanzar aún más en la santidad, que no es sino la perpetua confianza en Dios y el acatamiento de su voluntad. La maldición es la justa ira de Dios sobre el pecador que no se arrepiente ni se convierte. Si jugamos un poco con los números, vemos que estamos en el capítulo 7 de Samuel, en el versículo 14. 14 es el número del rey, de David, como recuerda san Mateo a comienzo de su evangelio en la genealogía de Jesús, y 7 el número de la perfección. Por ello, se podría leer como que al rey perfecto se le golpeará con palos y golpes de hombres, como se le golpeó a Cristo (*cf. Mt 26, 68*). Que Jacob y Esaú se hayan reconciliado en el capítulo 33 del Génesis, un aficionado a la gematría, lo leería como otro dato sobre la edad del rey perfecto, heredero de las promesas a Jacob reconciliado con su hermano pagano, como Cristo reconcilió a la judeidad con el mundo pagano (*cf. Ga 3, 28*). Bien sabemos que estas lecturas hoy en día nos parecen fantásticas, pero durante siglos, judíos y cristianos, interpretaron así, en un determinado nivel hermenéutico, la Biblia. El hijo que entra con gloria en la casa del padre, casado con la mujer que había estado presa de los demonios puede ser una figura de Cristo entrando en la gloria del Padre una vez cumplida su misión, desposado con la Iglesia (*cf. Ef 5, 25-27*), como se ve al final del salmo 21 y en *Flp 2, 9-11*.

Igualmente, todo este libro y este pasaje en concreto, con Tobías entrando en su casa después de curar la enfermedad de su padre, bendiciendo a Dios a pleno pulmón, tiene todo que ver con el salmo 110: *«Bendice alma mía al Señor»,* salmo en el que también se habla de la curación de las enfermedades, de la misericordia de Dios como un padre, etc. Y, obviamente, también con el Magníficat de María (*cf. Lc. 1, 46-55*). Es importante notar esto para que comprendamos cómo se engendran los textos de la Biblia, y en concreto del Nuevo Testamento, como una profundización teológica creciente en los motivos que desde el comienzo conoce y vive Israel.

El reconocimiento del castigo merecido y la salvación recibida es la gran dinámica de la experiencia bíblica, y la exultación en el Señor una prueba ferviente de la fe de Israel. Es verdad que el texto de Job incluso podría poner esta fórmula en suspenso, aunque finalmente también Job recibe la reposición de su salud, sus bienes y sus hijos. En realidad, hasta la resurrección del Cristo, el pensamiento judío no sabrá como enfrentarse a la gran prueba del mal sobre el inocente y al triunfo del injusto. Es como si estuviera ensayando, una y otra vez, una solución sin acertar, pero sin ser capaz tampoco de romper el lazo que le une a Dios. Se mantiene en la fe a pesar de no ver salida al mal y la muerte, lo cual tendría un gran mérito si no fuera porque el mismo Dios ha señalado el camino.

16.   *Tobit salió al encuentro de su nuera hasta las puertas de Nínive, bendiciendo a Dios, lleno de gozo. Cuando los de Nínive le vieron caminar, avanzando con su antigua firmeza, sin necesidad de lazarillo, se maravillaron. Tobit proclamó delante de ellos que Dios se había compadecido de él y le había abierto los ojos.*

Tobit, como hará Jonás, proclama la grandeza y la misericordia del Señor, libremente, para quien quiera oírlo, en la gran ciudad pecadora. Sobre la presencia del lazarillo para guiar a un ciego tenemos desde refranes bíblicos (*cf. Lc 6, 39-49*) hasta la gran obra literaria española *El lazarillo de Tormes*[118]. Tobit, nada más sanado, se dedica a predicar las grandezas que Dios ha hecho en su vida, convirtiéndose así en evangelizador, aquel que trae buenas noticias y, por tanto, puede inducir a la conversión de otros. Es el mismo esquema, pero multiplicado al infinito, por tener la conciencia de una nueva noticia que sobrepasa a todas[119], que tendrá la predicación del Cristianismo primitivo y del mismo modo que Tobit predica en la gran ciudad pecadora de Nínive, los primeros cristianos irán a predicar incluso a la Nínive y la Babilonia de su tiempo, Roma (*cf. 1 Pe 15, 13-14*).

17. *Se acercó Tobit a Sara, la mujer de su hijo, y la bendijo diciendo: «¡Bienvenida seas, hija! Y bendito sea tu Dios, hija, que te ha traído hasta nosotros. Bendito sea tu padre, y bendito Tobías, mi hijo, y bendita tú misma, hija. Bienvenida seas, entra en tu casa con gozo y bendición.»*

Ya no se pueden acumular más bendiciones sobre una persona. Este es el gran libro de la bendición, como el *Cantar de los Cantares* es el del amor, o el *Levítico* el de la Ley de los sacerdotes. El hecho de personalizar a Dios como tu Dios, es algo realmente hermoso, porque Dios no es sólo el Dios de una colectividad, como en la antigüedad pagana, sino el Dios de cada uno de nosotros, con el que entablamos una relación personal. En esto el judaísmo iba mucho más adelantado que el resto de las tradiciones religiosas de su entorno. Este entrar en tu casa con gozo y bendición resuena también en *Mt 25, 21-23*: «*siervo bueno y fiel (...) entra en el gozo de tu señor*».

18. *Todos los judíos de Nínive celebraron fiesta aquel día.* 19. *También Ajikar y Nabad, primos de Tobit, vinieron a congratularle.*

Recordemos que este Ajikar, al que ya se había hecho referencia en el capítulo 1, es un sabio conocido de la tradición asiria que probablemente vivió en el siglo VIII (¿quizás VII?) a.C. y del que conservamos unas *Historia y enseñanzas de Ahikar* (o *Palabras de Ahikar*) de las cuales tenemos ejemplos muy tempranos en papiros escritos en arameo encontrados en Elefantina (siglo V a.C. en Egipto)[120]. El argumento para establecer que este texto nuestro es un texto sapiencial, una especie de cuento edificante y no una historia real, radica en parte en las citas a este Ahikar, que nunca pudo ser primo de Tobit, sino que era un famoso asirio del que los judíos se habrían apropiado en este texto para dar prestigio a su relato. En el texto de Ahikar hay numerosos proverbios muy del gusto de la Biblia (parecidos a los que se pueden encontrar en el libro de los *Proverbios*, el *Sirácida*, etc.) y que reflejan una sabiduría compartida por todo el Próximo Oriente antiguo. En la historia asiria, Ajikar tiene un sobrino al que ha adoptado por no tener él

---

[118] El lazarillo de Tormes, Cátedra, 2006.
[119] *Cf. Hch 1: 5,8, 22; 2: 4, 24, 32-36; 38-39*, etc.
[120] https://web.archive.org/web/20170801030117/http://www.piney.com/ApocAhikar.html
Aquí podemos encontrar la traducción al inglés de la copia de Elefantina.

mismo hijos y que se llama, coincidentemente, Nabad. Por tanto, este libro, para esta corriente de pensamiento, sería la transposición hebrea de una historia bien conocida en la literatura proximooriental. Lo cierto es que temas que encontramos en el libro de *Esther* (con el intento de Haman de acabar con la reina y el pueblo judío) o en la historia de José, pueden tener también un fondo sapiencial parecido de personajes que hacen carrera en los más altos puestos de la administración imperial, tras sufrir prisión u otras calamidades, y desde allí reflexionan sobre la vida y el destino. También podría ser una simple homonimia sin que estos Ahikar y Nadab fueran los de la historia asiria, aunque teniendo en cuenta la coincidencia de los dos nombres y el contexto sapiencial parece poco probable. El que todos los judíos de Nínive hicieran fiesta aquel día habla de una comunidad integrada, que sigue viviendo en la ley de Dios y esperando el cumplimiento de sus promesas. Así se pasa de una vida ejemplar, la de Tobit, a una familia ejemplar, la de Tobías con su mujer, etc. a una comunidad ejemplar que es la de los judíos del destierro.

Capítulo 12

1. *Acabados los días de la boda, llamó Tobit a su hijo Tobías y le dijo: «Hijo, ya es tiempo de pagar el salario al hombre que te acompañó. Y le añadirás un sobresueldo.»*

Se entiende que ha habido una segunda celebración de boda, esta vez en Nínive en la casa de Tobit.

2. *Respondió Tobías: «Padre, ¿qué salario puedo darle? Aun entregándole la mitad de la hacienda que traje conmigo, no salgo perdiendo. 3. Me ha guiado incólume, ha cuidado de mi mujer, me ha traído el dinero y te ha curado a ti. ¿Qué salario voy a darle?» 4. Díjole Tobit: «Hijo, bien merece que tome la mitad de cuanto trajo.» 5. Le llamó, pues, Tobías y le dijo: «Toma como salario la mitad de todo cuanto trajiste y vete en paz.»*

Seguramente este la mitad debía de ser una formula antigua de generosidad y reconocimiento, porque aparece en lo que el rey Asuero le dice a la reina Esther que le dará (*cf. Est. 5,3; 7,2*) e incluso Herodes a Salomé (*cf. Mc 6, 22-26*). Es una expresión regia de generosidad, compartir (el 50%) lo que se tiene (co reinar). Rafael se ha comportado como el ejemplo del siervo bueno y fiel que merece entrar en la gloria de su Señor y compartir todo lo que tiene. El irse en paz es la famosa bendición del shalom (*cf., Mc 5, 34*), que la paz –de Dios– sea contigo (*cf. 1 Sm 25, 6*), que el rostro de Dios brille siempre sobre ti (*cf. Nm. 6, 24*), etc. Recordemos, una vez más, que este libro es el gran libro de las bendiciones en la Biblia.

6. *Entonces Rafael llevó aparte a los dos y les dijo: «Bendecid a Dios y proclamad ante todos los vivientes los bienes que os ha concedido, para bendecir y cantar su Nombre. Manifestad a todos los hombres las acciones de Dios, dignas de honra, y no seáis remisos en confesarle.*

Comienza una catequesis moral de Rafael que recoge muchísimos textos y tradiciones de Israel, por ejemplo, el salmo 148 en el que todas las criaturas deben alabar al Señor, o textos de Proverbios, etc. Otra vez se trata de cantar las bendiciones de Dios (*cf. sal 9, 1-20*) y lo que Dios ha hecho de bueno en nuestra vida (*cf. sal 98/97*). Este texto, pensando para la diáspora de Israel, es, por tanto, un texto destinado a que los judíos, que están en minoría, no se avergüencen de su Dios, sino que proclamen lo bueno que el Señor ha sido con ellos (*cf. sal 34, 8-20*).

7. *Bueno es mantener oculto el secreto del rey y también es bueno proclamar y publicar las obras gloriosas de Dios.*

Esta afirmación es sumamente interesante para una lectura cristológica ya que, en los evangelios, en especial en el evangelio según san Marcos, existe lo que los eruditos han llamado el secreto mesiánico, es decir, el secreto del rey, que es el mandato de Cristo de ocultar su condición de mesías a las personas que lo van descubriendo[121]. Por ejemplo:

---

[121] Parece ser que fue el gran estudioso W. Wedre el primero en utilizar esta expresión en su obra *El secreto mesiánico en el evangelio de Marcos*, Göttingen, 1901.

los demonios son obligados a guardar silencio (*cf. Mc 1:25; 1:34; 3:11*), Jesús ordena guardar silencio después de cuatro milagros (*cf. Mc 1:44; 5:43; 7:36; 8:26*), dos veces pidió a los discípulos callar (*cf. Mc 8:30; 9:9*). También, dos veces Jesús evadió a las multitudes para pasar inadvertido (*cf. Mc 7:24; 9:30*). En otros pasajes, aunque no de manera tan explícita, Jesús hace igualmente lo posible para pasar inadvertido como el mesías esperado según las características del judaísmo mayoritario de su época: (*cf. Mc 4:10-12; 7:17-23; 8:31; 9:31; 10:33; 13:24-27*). En cambio, elige a unos pocos de sus discípulos para mostrarles su verdadera gloria, muy superior a la esperada (*cf. Mc 4:10-20; 8:27–9:13*), aunque los discípulos, y aquellos que recibían sus bendiciones, no le hacían caso y no dejaban de proclamar que él era el Cristo («*pero mientras más se lo ordenaba, tanto más ellos lo proclamaban*» (*Mc 7:36; 5:20*). La idea de que hay que proclamar las obras de bondad que Dios ha hecho con nosotros se acompaña de la discreción y humildad necesarias de quien las hace o recibe. Este es un consejo que ha seguido la Iglesia en toda su historia, siendo muy prudente en manifestar los milagros que se han recibido para que sirvan a la edificación sin que nos lleven a la soberbia, ya que se trata de purificar la imagen que la mayoría de las personas tenemos de Dios. Es decir, una vez más el Evangelio retoma un tema profundo de este libro para llevarlo a su plenitud.

Practicad el bien y no tropezaréis con el mal. 8.«Buena es la oración con ayuno; y mejor es la limosna con justicia que la riqueza con iniquidad. Mejor es hacer limosna que atesorar oro. 9.La limosna libra de la muerte y purifica de todo pecado. Los limosneros tendrán larga vida. 10.Los pecadores e inicuos son enemigos de su propia vida.

La oración con ayuno es el consejo que da Cristo a quienes quieren expulsar a los demonios (*Mc 9, 29*): «*esta clase de demonios sólo salen con ayuno y oración*». Normalmente las Biblias protestantes omiten lo del ayuno alterando el texto sin rubor (*cf. Nueva Biblia de las Américas, Dios habla hoy, Nueva Biblia Viva, Nueva Traducción Viviente, Nueva Versión internacional*, etc.)

11. «*Os voy a decir toda la verdad, sin ocultaros nada. Ya os he manifestado que es bueno mantener oculto el secreto del rey y que también es bueno publicar las obras gloriosas de Dios. 12. Cuando tú y Sara hacíais oración, era yo el que presentaba y leía ante la Gloria del Señor el memorial de vuestras peticiones. Y lo mismo hacía cuando enterrabas a los muertos.*

Como ya nos referimos anteriormente, para un protestante, que ha decidido que el canon de los escritos bíblicos no debe incluir a los deuterocanónicos, este libro no puede de ser aceptado porque aparece clarísimamente la función de intercesión, en este caso de los ángeles, cosa imposible para quien ha declarado que el único intermediario entre Dios y los hombres es Cristo, sin entender la teología del hacer «en» Cristo que curiosamente tanto propugna el autor preferido de los protestantes, san Pablo. Rafael insiste en que hay que mantener el secreto del Rey, Dios, y al mismo tiempo proclamar sus obras, es un equilibrio difícil pero necesario, pues implica reconocer que Dios es el Señor, que de nadie se aconseja y que rige la historia según su sabiduría; es decir, dejarle ser Dios, y al mismo tiempo proclamar su alabanza (*cf. Is 40, 13-14*).

Ciertamente la tradición rabínica conoce el *Sod HaMelej*, o secreto del rey, concepto que está desarrollado desde el salmo 25, 14 en el que se dice que Dios comparte su sabiduría o el secreteo de su pacto, de su alianza, con los que le temen. Jesús recoge este concepto cuando les dice a los apóstoles que a ellos se les ha dado en conocer el secreto del reino de los cielos (*cf. Mt 13, 11*) afirmando así que ellos temen verdaderamente a Dios, es decir: que son verdaderamente israelitas como deben de ser, hombres de fe, y que por ello Dios les revela la verdad de su Nueva Alianza, no como a los impíos que quedan fuera. Convendría profundizar mucho más en el estudio de esta cuestión del secreto del rey, el secreto de Dios y no sólo en el sentido del secreto de la identidad mesiánica de Cristo.

13. *Cuando te levantabas de la mesa sin tardanza, dejando la comida, para esconder un cadáver, era yo enviado para someterte a prueba.*

Esta prueba, como decíamos antes, es la que acrisola a los santos, y si Rafael presenta el memorial de las oraciones y peticiones de Tobit y Sara ante Dios, no es porque Dios tenga necesidad de ello, ni la imagen monárquica (el Señor en un trono recibiendo a un enviado más noble que los pecadores humanos para dejarse convencer) debe dificultarnos la comprensión de lo que se nos está revelando aquí que es el amor de los ángeles, como reflejo del amor de Dios, por la salvación de los hombres. También los ángeles han de poner toda su confianza en Dios y vestir su alma de caridad, de modo que se nos está hablando de la dinámica del amor de Dios en la creación toda (los «cielos» y la tierra). Esta es la interpretación católica, que defiende la doctrina de los ángeles de la guarda (*cf. CIC, 336*[122]) frente a los estudiosos que, siguiendo a los protestantes, han malentendido este texto (por ejemplo, el padre Daniel Doré en su comentario al Libro de Tobías para cuadernos Bíblicos[123]). Máxime cuando Rafael, como se nos dice en el *libro de Enoch etiópico* es el ángel encargado de la enfermedad y las heridas de los humanos, es decir un ángel de compasión y misericordia por antonomasia. (*cf. Enoch Etiópico 40, 8-9*[124])

14. *También ahora me ha enviado Dios para curarte a ti y a tú nuera Sara.* 15. *Yo soy Rafael, uno de los siete ángeles que están siempre presentes y tienen entrada a la Gloria del Señor».*

El hecho de que los ángeles sean 7 se relaciona también con un momento del conocimiento o las especulaciones sobre los ángeles y el mundo desconocido en el que Israel conoce sólo a 7 por su nombre propio, como se ve también en el *Enoch Etiópico* que acabamos de citar, a saber: Uriel, Rafael, Raguel, Miguel, Sariel, Gabriel y Remiel.

---

[122] Catecismo de la Iglesia católica, número 336.

[123] Daniel Doré, *El libro de Tobit o el secreto del rey*. Cuaderno Bíblico 101. Editorial Verbo Divino. Navarra, 2018.

[124] *Libro 1.º de Enoch*, traducción al español de Federico Corriente y Antonio Piñero, Madrid, 1982 (acceso libre: https://es.scribd.com/doc/97293419/Libro-de-Enoc-Traduccion-Federico-Corriente-y-Antonio-Pinero-1982).

Posteriormente cuando se cree la cábala, por la influencia gnóstica, estos ángeles buenos se aumentarán a 10, cada uno gobernando, rigiendo o representando una Sefirot, que acabarán siendo entendidas como atributos de Dios[125]. También se dice del Espíritu santo, o Espíritu de Dios, que es septiforme en sus 7 dones: Sabiduría, Inteligencia, Consejo, Fortaleza, Ciencia, Piedad y Temor de Dios, que si bien, en la teología católica, no hay que considerarlos como dones separables, no sería raro que la teología del Espíritu Santo fuera el último eslabón de esta teología de los 7 ángeles, vientos o espíritus que están delante de la presencia de Dios[126]).

16. *Se turbaron ambos y cayeron sobre sus rostros, llenos de terror.* 17. *El les dijo: «No temáis. La paz sea con vosotros. Bendecid a Dios por siempre.* 18. *Si he estado con vosotros no ha sido por pura benevolencia mía hacia vosotros, sino por voluntad de Dios. A él debéis bendecir todos los días, a él debéis cantar.* 19. *Os ha parecido que yo comía, pero sólo era apariencia.*

Las palabras «no temáis» delante de un fenómeno sobrenatural siempre son en la Biblia palabras de consuelo del Bien: Cristo las usa ante el terror de los apóstoles en el episodio del lago cuando de noche le ven venir caminando sobre las aguas (*cf. Jn 6, 19-21*). La confesión de Rafael no contradice lo que hemos dicho antes sobre el amor de los ángeles a los humanos: sólo Dios tiene una benevolencia perfecta y Rafael quiere añadir además el consuelo de que esta obra de misericordia, que él ha hecho con ellos, la ha hecho por mandato de Dios que es, en última instancia, quien les está protegiendo. El enviado no quiere que se le confunda con el que verdaderamente ha de ser el receptor de las alabanzas y los agradecimientos de Tobit y Tobías y así se evita cualquier tentación de idolatría o politeísmo. En el *Evangelio según san Lucas*, en el capítulo 24, se nos vuelven a poner estas dos expresiones, «*no temáis*» y «*la paz sea con nosotros*» en relación, y en cierta manera, también suponen la revelación de un personaje: se trata del Cristo resucitado, cuando, tras ser crucificado y enterrado, se les aparece vivo en el cenáculo a los discípulos (*cf. Lc 24, 36-43*). Del mismo modo que Rafael ha mostrado su naturaleza angélica, espiritual, ya que él mismo reconoce que no comía aunque lo parecía, Cristo muestra su verdadera naturaleza como el resucitado que, a diferencia del ángel, come y tiene en su cuerpo glorioso las marcas de su pasión. La insistencia en la alabanza y la adoración a Dios es otra enseñanza fundamental del libro, independientemente del medio por el cual Dios se digne a hacerse presente en nuestras vidas[127].

---

[125] G. Scholem: *Los orígenes de la Cábala* (2001) y *La cábala y su simbolismo* (2009).

[126] Confróntese estos espíritus, vientos o ángeles, que en número de 7 (la perfección o plenitud) están en la presencia de Dios, como dirá Rafael de sí mismo, con *Apo 1, 4; 3,1; 4,5; 5,6*. En cualquier caso no queremos afirmar nada dogmático al respecto, pero es cierto que a veces no se ha sido todo lo riguroso, en teología, que cabría esperar en cuanto a distinguir personas y atributos en Dios, ángeles y el ángel del Señor, etc. Cuestiones complejas y debatidas.

[127] En los bienes, en los males, a través de ángeles o de la predicación de hombres, de sueños o de textos escritos, sólo a Dios se debe la alabanza y la glorificación por parte de toda la Creación.

20. Y ahora bendecid al Señor sobre la tierra y confesad a Dios. Mirad, yo subo al que me ha enviado. Poned por escrito todo cuanto os ha sucedido.» Y se elevó. 21. Ellos se levantaron, pero ya no le vieron más. Alabaron a Dios y entonaron himnos, dándole gracias por aquella gran maravilla de habérseles aparecido un ángel de Dios.

Es imposible no reconocer aquí las huellas que este texto va a tener en los evangelios, en especial en el *Evangelio según san Lucas*, pero no sólo. Las palabras «*yo subo al que me ha enviado*», o al menos su sentido, se encuentran también en la despedida de Jesús en última cena a sus discípulos (*cf. Mt 26, 24-28*) y la idea de que ha de subir al Padre (*Jn 20, 17: subo a mi Padre y a vuestro Padre a mi Dios y a vuestro Dios)* también. El «*poned por escrito*» para que quede como testimonio, es el equivalente estructural al envío de los apóstoles a las naciones (*cf. Mt 28, 19*) el nuevo testimonio. Pero también el «poner por escrito», es lo que cuenta Lucas que hace a comienzo de su evangelio, *Lc 1, 1-4*:

«¹Puesto que muchos han emprendido la tarea de componer un relato de los hechos que se han cumplido entre nosotros, ²como nos los transmitieron los que fueron desde el principio testigos oculares y servidores de la palabra, ³ también yo he resuelto escribírtelos...»

La intención es que quede de manifiesto, y para siempre, la obra de bendición que Dios ha realizado con los hombres sea por mediación de un ángel o de Su Hijo. Igualmente, el quedar dando gracias a Dios por la maravilla de lo que les había acontecido es, otra vez, lo que narra Lucas en 24, 50-53:

«⁵⁰Y los sacó hasta cerca de Betania y, levantando sus manos, los bendijo. ⁵¹Y mientras los bendecía, se separó de ellos, y fue llevado hacia el cielo. ⁵²Ellos se postraron ante él y se volvieron a Jerusalén con gran alegría; ⁵³y estaban siempre en el templo bendiciendo a Dios».

Solo que Lucas sabe que aún queda un último regalo, el mayor, el don del Espíritu Santo (*cf. Hech 2, 1-4*). Así podemos ver cómo, del modo que ya hemos dicho varias veces en esta obra, el humilde y postergado libro de Tobías, en realidad, influyó más en los evangelios de lo que parecía. Llenado el vocabulario y las imágenes de los evangelistas de recursos para narrar la historia de Jesucristo.

Capítulo 13

1. *Y dijo: ¡Bendito sea Dios, que vive eternamente, y bendito sea su reinado!* 2. *Porque él es quien castiga y tiene compasión; el que hace descender hasta el más profundo Hades de la tierra y el que hace subir de la gran Perdición, sin que haya nada que escape de su mano.* 3. *Confesadle, hijos de Israel, ante todas las gentes, porque él os dispersó entre ellas* 4. *y aquí os ha mostrado su grandeza. Exaltadle ante todos los vivientes, porque él es nuestro Dios y Señor, nuestro Padre por todos los siglos.* 5. *Os ha castigado por vuestras injusticias, mas tiene compasión de todos vosotros y os juntará de nuevo de entre todas las gentes en que os ha dispersado.* 6. *si os volvéis a él de todo corazón y con toda el alma, para obrar en verdad en su presencia, se volverá a vosotros sin esconder su faz. Mirad lo que ha hecho con vosotros y confesadle en alta voz. Bendecid al Señor de justicia y exaltad al Rey de los siglos. Yo le confieso en el país del destierro, y publico su fuerza y su grandeza a gentes pecadoras. ¡Volved, pecadores! Practicad la justica en su presencia. ¡Quién sabe si os amará y os tendrá misericordia[128]!*

Este texto, como vemos, es un texto exultante de triunfo, casi un salmo, semejante a los cánticos de triunfo de Moisés y Miriam (*cf. Ex 15, 1-21*) Débora (*cf. Jueces 5:1-23*), Ana (*cf. 1 Samuel 2:1-10*), David (*cf. 2 Samuel 22* y salmo 18), etc. y que luego se prolongarán en el Magníficat de María (*cf. Lucas 1:46-55*) y en el cántico de los vencedores en el Cielo (*cf. Apo 15:3-4*). Igualmente esta salmodia triunfal se debe completar con las de los profetas Oseas, Isaías, Jeremías y Ezequiel:

Oseas

2,14-23: «Por eso, he aquí que yo la atraeré y la llevaré al desierto, y le hablaré al corazón...» Dios promete atraer a su pueblo con amor, restaurar su relación y renovar la alianza. En el versículo 19, dice: *«Te desposaré conmigo para siempre[129]; te desposaré conmigo en justicia, en juicio, en misericordia y en compasión.»* Quizás los versos más hermosos de todo el Tanaj.

6, 1-3: «Venid y volvamos a Javeh, porque él nos desgarró, pero nos sanará; nos hirió, pero nos vendará...» Dios sanará y restaurará a su pueblo si se vuelven a Él. El versículo

---

[128] Por cierto, que esta expresión, «*quién sabe si os tendrá misericordia*», aplicada a Dios sobre el día del juicio o en la vida, aparece, literalmente, en el Corán.

[129] En el Tanaj no se vuelve a hablar de la realización de la boda entre Dios y su pueblo, eso queda para el N. Testamento, concretamente en Apocalipsis 19, 1-9, el himno final, escatológico, de victoria de Dios y Su Cordero: ... «*¡Aleluya! La salvación, la gloria y el poder son de nuestro Dios, porque sus juicios son verdaderos y justos. Él ha condenado a la gran prostituta que corrompía la tierra con sus fornicaciones, y ha vengado en ella la sangre de sus siervos* » ... «*Aleluya. Porque reina el Señor, nuestro Dios, dueño de todo, ⁷alegrémonos y gocemos y démosle gracias. Llegó la boda del Cordero, su esposa se ha embellecido, ⁸y se le ha concedido vestirse de lino resplandeciente y puro —el lino son las buenas obras de los santos—». ⁹Y me dijo: «Escribe: «Bienaventurados los invitados al banquete de bodas del Cordero»». Y añadió: «Estas son palabras verdaderas de Dios».*

3 dice: *«Conozcamos, pues, esforcémonos por conocer al Señor; su salida es tan cierta como el alba...»*

11, 1-9: *«Cuando Israel era niño, yo lo amé, y de Egipto llamé a mi hijo.».* Este pasaje muestra la ternura de Dios como un padre que ama a su hijo Israel. En el versículo 8, Dios expresa su compasión: *¿Cómo podré abandonarte, oh, Efraín? ¿Cómo entregarte, oh, Israel?»* Aunque Israel merece castigo, Dios no lo destruirá porque su amor es más grande.

14, 1-9: *«Yo sanaré su rebelión, los amaré por pura gracia, porque mi ira se apartó de ellos.».* Dios promete restaurar a su pueblo si se arrepienten. En el versículo 5, dice: *«Seré para Israel como el rocío; él florecerá como el lirio...»,* una imagen de bendición y prosperidad. Es un hermoso final para el libro, donde Dios reafirma su amor incondicional y su deseo de redimir a su pueblo.

Isaías

40,1-2: *«Consolad, consolad a mi pueblo, dice vuestro Dios...»* Marcando el inicio de la restauración prometida a Israel tras el exilio. *Isaías 41, 10: «No temas, porque yo estoy contigo; no desmayes, porque yo soy tu Dios*[130]*...»* Con Dios animando a su pueblo, asegurándoles su protección; *Isaías 49,13-16: «Gritad de júbilo, oh cielos, y alégrate, oh tierra...»* En el que Dios promete que nunca se olvidará de su pueblo. *Isaías 51, 11: «Volverán los rescatados de Yaveh; vendrán a Sión con alegría...»* La restauración del pueblo de Dios en su tierra; *Isaías 61, 1-3: «El Espíritu del Señor está sobre mí...»* el famoso pasaje que Jesús citó en Lucas 4, hablando de la sanación y liberación de los oprimidos.

Jeremías

29,11-13: *«Porque yo sé los planes que tengo para vosotros, planes de bienestar y no de calamidad...»* Dios asegura a su pueblo que tiene un futuro de esperanza para ellos; *30, 17: «Yo te devolveré la salud y sanaré tus heridas...»* Promesa de restauración para Israel (que también puede aplicarse al Mesías, a fin de cuentas, Israel es el pueblo mesiánico como luego lo será la Iglesia); *31:3-4: «Con amor eterno te he amado...»* Dios no olvida. *31,10-14: «Gritad de alegría por Jacob...»* Anuncio del regocijo por la restauración de Israel.

Ezequiel

11, 19-20: «Les daré un corazón nuevo y pondré un espíritu nuevo dentro de ellos...» Poderosa promesa de una renovación espiritual en el pueblo de Dios.

---

[130] Del que hay un paralelo en las palaras de Cristo (*cf. Lc 12, 32-34*).

34, 11-16: «Yo mismo buscaré a mis ovejas y las cuidaré...» Dios se presenta como el buen pastor que reunirá a su pueblo[131]; *36, 25-28: «Os rociaré con agua limpia y seréis purificados*[132]*...»*; o *37, 1-14* que corresponde a la visión del valle de los huesos secos. Tremendo mensaje de restauración y resurrección para Israel[133].

Volviendo al himno que tenemos entre manos, otro de los argumentos para encuadrar este libro en una fecha relativamente tardía es la referencia al reinado de Dios. En efecto, los textos que utilizan esa expresión son todos postexílicos, es decir de finales del siglo VI a.C. en adelante, como *Zacarías 14, 9* o *1 Cro 29, 11*. Pero todo ello cuadraría con la fecha que hemos dado aquí como más probable, que es el siglo V a.C.

No dejemos de fijarnos en el tono de alegría superlativa, de alabanza, y en que todos los términos negativos están al principio y son luego corregidos y superados por los positivos, que han de llegar después: es un gran himno de esperanza del que sabe cómo actúa Dios. También el hecho de llamar a los hijos de Israel a que confiesen a Dios entre las naciones se adecúa muy bien a la estancia en el exilio[134]. El concepto de la paternidad de Dios del pueblo está cada vez más claro, como el de su monarquía tras el fracaso de la monarquía humana. El versículo 5 es esencial para entender la teología de la retribución de Israel como pueblo: por haber desobedecido sus mandatos, Dios nos ha dispersado entre las naciones, o ha dejado caer su mano sobre nosotros (esta idea es casi obsesiva en los libros de *Jeremías* y el de las *Lamentaciones*) pero se apiadará de nosotros y nos reunirá de nuestra dispersión (en esto se funda la esperanza de Israel). Es fundamental porque, para la mentalidad judía, el Mesías será el agente de esta reintroducción del pueblo judío en su tierra (de ahí que en el libro de Isaías se de este título nada más y nada menos que a Ciro el grande, un conquistador pagano[135], *cf. Is. 45, 1*).

7.   *Yo exalto a mi Dios y mi alma se alegra en el Rey del Cielo. Su grandeza 8.   sea de todos celebrada y confiésenle todos en Jerusalén. 9.   ¡Jerusalén, ciudad santa! Dios te castigó por las obras de tus hijos, mas tendrá otra vez piedad de los hijos de los justos.*

Vemos la gran nostalgia y el gran centro de elección que para los judíos fue siempre Jerusalén, al menos, con total seguridad, desde la caída del reino del norte.

---

[131]   Desconocemos por qué no se hace más referencia a este oráculo de Señor, en el que dice *«Yo mismo buscaré a mis ovejas...»* con relación a descifrar la identidad de aquel que dice *«yo soy el buen pastor que cuida de mis ovejas, estoy dispuesto a morir por ellas»* (*Jn 10, 11-15*).

[132]   En relación con el agua que surgió del costado de Cristo para la purificación del mundo (*cf. Jn 19, 34-37*).

[133]   Porque el mesías, en efecto, tiene que restaurar a Israel, la cuestión es en qué consiste tal restauración, si en un pequeño reino belicoso y nacionalista en Medio Oriente o en abrir de par en par, por fin, su relación en santidad con el Eterno.

[134]   Véase G. von Rad: *Teología del Antiguo Testamento*. Sígueme, II vols. 2009.

[135]   Quizás esta denominación en el libro de Isaías y los grandes servicios que Ciro prestó a Israel son los que han abonado la leyenda, en principio, de la conversión o el criptojudaísmo del rey Ciro.

10.   *Confiesa al Señor cumplidamente y alaba al Rey de los siglos para que, de nuevo, levante en ti, con regocijo, su Tienda, y llene en ti de gozo a todos los cautivos y muestre en ti su amor a todo miserable (pobre) por todos los siglos de los siglos*[136]. *(El paréntesis es nuestro).*

Texto otra vez mesiánico, consistente en la afirmación de que en Jerusalén se obrarán grandes milagros. El pueblo volverá a ser, de nuevo, reunido. Vemos como en este cántico se va eludiendo cada más el componente militar, muy evidente en los de Moisés, Miriam y David, y va apareciendo, posiblemente por influencia del profetismo, una visión mucho más universal y conciliadora. Como los protestantes y judíos no leen este libro como inspirado no pueden entender correctamente el cántico de María, el Magníficat (*Cf. Lc 1, 46-55*), donde el componente militar ya no existe y ha sido sustituido por una explosión de gozo en la justicia y la misericordia del Señor.

En estos versículos se anuncian promesas muy importantes. Que el Señor ponga otra vez su tienda en Jerusalén quiere decir que volverá a habitar con su pueblo, pero esto, históricamente, no volvió a ser así, ya que no se nos narra en la Biblia que la *Shekiná* de Dios, la presencia de Dios, volviera a habitar en el templo postexílico, como sí se nos había contado del primer templo[137]. El templo postexílico era un lugar de veneración y oración extraordinario, pero ya no era la casa de Dios, el lugar de su habitación, un sacramento en piedra. La imagen de la tienda, como en el desierto, es la mejor imagen para expresar el Enmanuel, Dios con nosotros, Dios entre nosotros (*Cf. Mt 1, 23*). Vemos como las expectativas sobre el segundo advenimiento de Dios, su reconciliación con nosotros, los judíos pecadores, van corrigiendo mucho las ideas militares-nacionalistas que, hasta el día de hoy, tienen muchos judíos y que nos dicen que son las que esperaban los judíos de tiempos de Jesús, lo cual como vemos es inexacto: había muchos judíos que esperaban eso, sin duda, pero había otros, mejores, que esperaban desde hacía siglos otra cosa; ambos tenían los materiales escriturísticos para poder entender que la segunda visitación de Dios a su pueblo iba a ser en una clave no bélico-nacionalista. Una reposición de Israel, sí, pero en justicia y misericordia, como hemos visto que profetizó Oseas.

Ese mostrar su amor a todos los miserables (pobres) está en conexión directa con el texto de Isaías 61, 1-2 (que es el que cita Lucas 4):

«*El espíritu del Señor está sobre mi porque Él me ha ungido para evangelizar a los pobres, me ha enviado a predicar la salvación de los cautivos y devolver la vista a los ciegos y para liberar a los oprimidos*».

---

[136]   *Cf. con Lc 4, 18: «El espíritu del Señor está sobre mi porque Él me ha ungido para evangelizar a los pobres, me ha enviado a predicar la salvación de los cautivos y devolver la vista a los ciegos y para liberar a los oprimidos».*

[137]   Ezequiel 11, 22-23, nos cuenta cómo la gloria de Dios abandona el templo y se posa sobre... el monte de los olivos.

Son estos quebrantados en el corazón, estos afligidos, estos cautivos y prisioneros en el exilio, los que el Señor sanará, reuniéndolos otra vez bajo sus alas, y esto será en Sión, como el propio Isaías había predicho:

«*Vendrán muchos pueblos, y dirán: Venid, subamos al monte del Señor, a la casa del Dios de Jacob; para que nos enseñe acerca de sus caminos, y andemos en sus sendas. Porque de Sión saldrá la ley, y de Jerusalén la palabra del Señor*». *(Is. 2, 3-5)*

Este texto de Tobías está en plena sintonía con la revelación profética, corrigiendo las esperanzas mesiánicas de los judíos. Como sabemos, Isaías es el príncipe de los profetas para los cristianos, pues en ningún otro profeta se leen tantos textos aplicables a Cristo y su misión como en él, y porque el mismo Cristo cita el texto del capítulo 61, 1-2 para referirse a él y su misión.

11. *Brillará luz de lámparas por todos los confines de la tierra. Vendrán a ti de lejos pueblos numerosos, y los habitantes del confín del mundo, al Nombre del Señor, tu Dios, llevando en sus manos los obsequios para el Rey del Cielo. Todas las generaciones exultarán en ti de alegría, y el Nombre del Elegido durará por siempre.*

Vemos como en este versículo se avanza más incluso en esta interpretación que estamos dando: de todos los lugares de la tierra vendrán los nuevos adoradores del Señor, el nuevo pueblo de Dios, que no excluirá a los judíos que se mantengan fieles a Dios, sino que asumirá a muchedumbres que antes no conocían al Señor y que vendrán a adorar en Jerusalén, porque Dios habrá puesto su tienda otra vez entre nosotros. Démonos cuenta de hasta qué punto este texto está influyendo en el comienzo del evangelio: el cántico de Tobías y el cántico de María; la expectativa de que el Eterno pondrá su tienda otra vez entre nosotros (como en *Jn 1, 1-18*); de que vendrán de todos los confines de la tierra a adorar al Altísimo nuevos pueblos, llevando obsequios para el rey del cielo (*cf.* con la llegada de los «reyes magos» narrada en *Mt 2, 1-12* o con *Rom 10, 18*) y que esto lo harán en el nombre del Señor (*Mt 1, 20-25*); que todas las generaciones darán «en ti» señales de alegría (la cual es una frase estructuralmente idéntica a *Lc 1, 48*: *«me llamarán bienaventurada todas las generaciones»* (es decir, en María, todas las generaciones exultarán en el gozo del nombre del Señor, que ya hemos visto que Mateo nos dice que será Jesús -Yahveh salva, y que significa *el Enmanuel*, Dios con nosotros). Es evidente, por tanto, que los que escribieron loa evangelios conocían la teología y las escrituras de Israel a un nivel de rabino experto, y las interpretaban, no según el viejo modelo conquistador de Josué, sino según el modelo que los profetas habían ido corrigiendo con los siglos.

De repente el texto da un *coup de force* aún más inesperado para pasar a hablar directamente del mesías. En este contexto de alabanza a Dios, y a su obra futura de reconciliación con Israel y los que han de injertarse en él de entre los gentiles, aparece una mención al Elegido, al mesías final, escatológico, al Mesías cuyo Nombre durará por siempre. Mesías que, por tanto, tiene al menos una de las características de la divinidad: la eternidad. ¡Pero es que en la línea anterior nos acababa de decir que los gentiles vendrán a la gran obra de reposición de Israel en Jerusalén hecha en amor de los pobres y los de desastrado corazón, al nombre de Dios, y ahora ese nombre es el que va a llevar el Mesías! Dicho de otro modo, el Mesías llevará el nombre de Dios. O en lenguaje judío en el que el nombre es la manera elíptica de referirse al Eterno: el Mesías es Dios. La alegría de Sión por los milagros de Dios que reunirá a su pueblo y que acudirán de todas las naciones, se hará por obra del elegido, del Mesías, que es Dios. Si nosotros fuésemos un rabino deseoso de que nuestra grey no viera en el mesías cristiano su pretensión de ser el Dios de Israel, el primer texto que sacaríamos del canon, ya que Isaías no podríamos porque ya estaba asumido como inspirado (palabra de Dios) sería este[138].

12.   *¡Malditos cuantos digan palabras crueles! ¡Malditos sean cuantos te destruyan! ¡Cuántos derriben tus muros echen tus torres por tierra y pasen a fuego tus moradas! ¡Mas sean benditos por siempre los que te construyan!*

Este versículo que maldice la violencia contra Jerusalén ha sido entendido por ciertas comunidades protestantes, muy influyentes en la política de los EE. UU., en consonancia con *Génesis 12, 3*: «*bendeciré a los que te bendigan y maldeciré a los que te maldigan, en ti serán benditas todas las naciones de la tierra*», que le dice Dios a Abrahán. Pero la lectura que hacen no es que se prohíbe la violencia y, por tanto, a quien la cometa se le exigirán cuentas, sino en el sentido de que el que ataque a Jerusalén o a Israel será penado, y que quien la reconstruya será bendecido. Es decir, dentro del esquema, no sólo nacionalista sino, de interpretación exclusivamente literal-política del texto.

13.   *Entonces exultarás, te alegrarás por los hijos de los justos, pues serán reunidos todos y bendecirán al Señor de los siglos.*

Otro texto mesiánico. Como reseñamos en nuestro anterior libro *Evangelio de Marcos, historia cultural*, el mesías no viene solo. Viene a una tierra mesiánica, Israel, y en un tiempo mesiánico, la plenitud de los tiempos. Separar al mesías de los tiempos mesiánicos es un error incomprensible si se ha leído la Biblia. En aquel futuro que Tobit y Tobías ven y cantan, Jerusalén exultara de alegría y todos bendecirán a Dios., que es, justamente, lo que vemos que pasó con la entrada de Jesús en Jerusalén (*cf. Mateo 21: 1-11, Marcos 11: 1-11, Lucas 19: 28-44 y Juan 12: 12-19*) como había pasado con la previa de David trayendo el arca de la alianza (*cf. 2 Sm 6, 1-23*); con Jesús descendiendo del monte de los olivos, el monte de la paz[139], para entrar en Sión, la ciudad del rey de la paz. Mateo: «*Tanto la gente que iba*

---

[138]   Por cierto, que, la versión de la Conferencia Episcopal Española, en vez de traducir este versículo como «*el Nombre del elegido durará por siempre*», traduce «*el nombre de la elegida*», refiriéndose con ello a Jerusalén y haciendo desaparecer la compresión mesiánica, y crística, del texto. Es cierto, que el texto griego usa el femenino y que la interpretación masculina es posiblemente un error inducido por la traducción, un tanto ambigua, de la Vulgata, así pues la opción de la CEE es más correcta filológicamente pero se pierden referencias que han estado en la tradición.

[139]   Donde recordemos que, curiosamente, se había asentado la Shekhiná, la presencia de Dios, Dios mismo, tras su marcha del templo de Jerusalén, *Ez 11, 22-23*.

delante de él como la que iba detrás gritaba: –¡Hosanna al Hijo de David! –¡Bendito el que viene en el nombre del Señor! –¡Hosanna en las alturas! Cuando Jesús entró en Jerusalén, toda la ciudad se conmovió (Mt 21, 9-11)». Marcos: «*También muchos tendían sus mantos por el camino, y otros cortaban ramas de los árboles, y las tendían por el camino.* ⁹ *Y los que iban delante y los que venían detrás daban voces, diciendo: ¡Hosanna! ¡Bendito el que viene en el nombre del Señor!)* ¹⁰ *¡Bendito el reino de nuestro padre David que viene! ¡Hosanna en las alturas! (Mc 11, 8-10»* Lucas: «*Cuando llegaban ya cerca de la bajada del monte de los Olivos, toda la multitud de los discípulos, gozándose, comenzó a alabar a Dios a grandes voces por todas las maravillas que habían visto,* ³⁸ *diciendo: ¡Bendito el rey que viene en el nombre del Señor; paz en el cielo, ¡y gloria en las alturas!* ³⁹ *entonces algunos de los fariseos de entre la multitud le dijeron: Maestro, reprende a tus discípulos.* ⁴⁰ *Él, respondiendo, les dijo: Os digo que si estos callaran, las piedras clamarían»* (Lc. 19, 37-40) Juan: ¹² *El siguiente día, grandes multitudes que habían venido a la fiesta, al oír que Jesús venía a Jerusalén,* ¹³ *tomaron ramas de palmera y salieron a recibirle, y clamaban: ¡Hosanna! ¡Bendito el que viene en el nombre del Señor, el Rey de Israel!* ¹⁴ *Y halló Jesús un asnillo, y montó sobre él, como está escrito* (Jn 12, 12-14). Estos son algunos de los cánticos de triunfo más poderosos que se hayan en el Nuevo Testamento, comparables al Magníficat o al canto de Pablo contra la muerte vencida (*cf. 1 Cor 15, 55-57*) y hablan, justamente, del mesías y de la alegría y la gloria del Cielo en la salvación que viene de lo Alto. Los hijos de los justos, es la misma expresión, santos, que el Nuevo Testamento toma para los cristianos, los que han guardado verdaderamente el pacto de Dios (*cf. Ef 1, 1*).

14.   *¡Dichosos los que te amen! ¡Dichosos los que se alegren en tu paz! ¡Dichosos cuantos hombres tuvieron tristeza en todos tus castigos, pues se alegrarán en ti y verán por siempre toda tu alegría!*

15.   *Bendice, alma mía, al Señor y gran Rey,* 16.   *que Jerusalén va a ser reconstruida y en la ciudad pondrá su casa para siempre. Seré feliz si alguno quedare de mi raza para ver tu Gloria y alabar al Rey del Cielo*¹⁴⁰. *Las puertas de Jerusalén serán rehechas con zafiros y esmeraldas, y de piedras preciosas sus murallas. Las torres de Jerusalén serán alzadas con oro, y con oro puro sus defensas.* 17.   *Las plazas de Jerusalén serán soladas con rubí y piedra de Ofir; las puertas de Jerusalén entonarán cantos de alegría y todas sus casas cantarán: ¡Aleluya! ¡Bendito sea el Dios de Israel! Y los benditos bendecirán el Santo Nombre por todos los siglos de los siglos.*

«*Bendice alma mía al Señor*» es el comienzo del bellísimo salmo 103 en el que el señor, como en el texto del Apocalipsis que ahora citaremos, consolará a su pueblo.

---

¹⁴⁰   Nótese como esta petición profética de Tobit se resuelve otra vez en el *Nunc dimitis* del anciano Simeón: «*Ahora Señor, despide a tu siervo en paz, conforme a tu palabra porque mis ojos han visto tu salvación que presentaste a todos los pueblos; luz para ser revelada á lo*s gentiles, *y gloria de tu pueblo Israel*». Ahora hay un descendiente de la raza de Tobías que alaba al rey del Cielo por ver la Gloria de Israel, el Mesías.

Este texto sobre Jerusalén tiene un paralelo obvio en *Apocalipsis 21, 1-27* de donde seleccionamos afirmaciones como estas:

²Y vi la ciudad santa, la nueva Jerusalén que descendía del cielo, de parte de Dios, preparada como una esposa que se ha adornado para su esposo. Y oí una gran voz desde el trono que decía: «He aquí la morada de Dios entre los hombres, y morará entre ellos, y ellos serán su pueblo, y el «Dios con ellos¹⁴¹» será su Dios»

¹⁰Y me llevó en espíritu a un monte grande y elevado, y me mostró la ciudad santa de Jerusalén que descendía del cielo, de parte de Dios, ¹¹y tenía la gloria de Dios; su resplandor era semejante a una piedra muy preciosa, como piedra de jaspe cristalino. ¹⁸Y el material de su muralla es de jaspe y la ciudad es de oro puro semejante al vidrio puro. ¹⁹Y los cimientos de la muralla de la ciudad están adornados con toda clase de piedras preciosas: el primero es de jaspe, el segundo de zafiro, el tercero de calcedonia, el cuarto de esmeralda, ²⁰el quinto de sardónica, el sexto de cornalina, el séptimo de crisólito, el octavo de berilo, el noveno de topacio, el décimo de ágata, el undécimo de jacinto, el duodécimo de amatista. ²¹Y las doce puertas son doce perlas, cada una de las puertas hecha de una sola perla. Y la plaza de la ciudad era de oro puro como vidrio translúcido.

Si los benditos bendecirán el Santo Nombre eternamente es porque, necesariamente, hay vida eterna, aunque a veces se haya negado esta creencia entre los judíos hasta tiempos muy posteriores. Ya vimos antes como el Santo Nombre es tanto el nombre de Dios, como el del Mesías –al comentar el versículo 11– porque el santo nombre de Dios no es sino una elipsis para evitar decir Dios, como luego simplemente se dirá *«El Nombre»*, *HaShem*. Es decir, Dios y Su mesías son el mismo, o, dicho de otro modo, el mesías es Dios. Eso es lo que hace exultar a Israel ¡Aleluya! y ¡Hosana en las alturas! Bendito el que viene en el nombre de (con el nombre de) el Señor.

En el Apocalipsis se retoma otra vez esta idea, como respuesta a esta petición-aclamación de este libro de Tobías: *«los benditos bendecirán el Santo Nombre por todos los siglos de los siglos»* se resuelve en que los salvados alaban y bendicen a Dios y al Cordero, *Apocalipsis 7, 9-12*:

«Después de esto miré, y vi una gran multitud, la cual nadie podía contar, de todas naciones, tribus, pueblos y lenguas, que estaban delante del trono y en la presencia del Cordero... y clamaban a gran voz, diciendo: ¡La salvación pertenece a nuestro Dios que está sentado en el trono, y al Cordero!» (es decir, están alabando y bendiciendo a Dios y al Mesías). El paréntesis es nuestro.

En el versículo 12, los ángeles, ancianos y seres vivientes se postran y dicen:

«¡Amén! La bendición, la gloria, la sabiduría, la acción de gracias, la honra, el poder y la fortaleza sean a nuestro Dios por los siglos de los siglos. Amén.» Incluso ensayan un cántico nuevo, el cántico de los redimidos, *Apocalipsis 5, 9-10*:

---

¹⁴¹ Enmanuel, el hombre llamado Jesús, según vimos en *Mateo 1, 21-23*.

«Y cantaban un cántico nuevo, diciendo: 'Digno eres de tomar el libro y de abrir sus sellos; porque tú fuiste inmolado, y con tu sangre nos has redimido para Dios, de todo linaje y lengua y pueblo y nación; y nos has hecho para nuestro Dios reyes y sacerdotes, y reinaremos sobre la tierra.'» Los salvados bendicen y honran a Cristo, reconociendo que su sacrificio los redimió.

3. La gran adoración en el Cielo, *Apocalipsis 19, 1-6:*

«Después de esto oí una gran voz de una gran multitud en el Cielo, que decía: '¡Aleluya! Salvación y gloria y honra y poder son del Señor nuestro Dios.'»

La multitud de redimidos exalta y bendice a Dios con un cántico de victoria, y en el versículo 6 dicen:

«¡Aleluya! Porque el Señor nuestro Dios Todopoderoso reina.»

Es decir, los oráculos proféticos del libro de Tobit se resuelven en el Apocalipsis tras la obra del Mesías (el Cordero). Por tanto, lejos de ser una simple historia pía o un recuerdo de las principales doctrinas religiosas de Israel, es un verdadero libro profético cuyo cumplimiento se da en el Nuevo Testamento, en la obra de Cristo.

Capítulo 14

Seguramente no tiene mayor importancia, pero como ya dijimos, 14 es el número de David y, por tanto, el número que representa al rey de Israel y su descendencia. El número de la espera del Mesías. En cierto sentido, y visto la gran cantidad de textos y anuncios mesiánicos que hay en este libro, el que tenga catorce capítulos nos permitiría darle otro título: el libro de Tobías podría llamarse perfectamente, el libro del Rey, el libro del Mesías.

1.   *Aquí acabaron las palabras de acción de gracias de Tobit. Tobit murió en paz a la edad de 112 años y recibió honrosa sepultura en Nínive.*

Dios le dio a Tobit una larga y dichosa vida tras sus desgracias pasadas, al igual que pasa en el caso del Job. Murió en paz como se desprende del «*recibió honrosa sepultura*». En cierto sentido la teología de la reposición en esta tierra sigue estando presente, tras la prueba, Dios premia. (*Sal 37, 25*: (...) «*no he visto al justo desamparado ni a su descendencia mendigando pan*». El hecho de que Tobit viviera 112 años es también importante, porque Moisés había vivido 120 años (*cf. Dt 34, 7-9*) el máximo que en *Gn 6,3* podrá vivir un hombre si no es muerto por violencia, y dependiente, posiblemente, de su santidad guardada por Dios; por tanto, es una larguísima vida que da testimonio de su cercanía en santidad al mismísimo Moisés. Si Moisés vivió la fe de manera heroica, podemos decir que Tobit vivió la caridad de manera igualmente heroica.

2.   Tenía 62 años cuando perdió la vista; y después de recuperarla, vivió feliz (*cf. Sal 25, 13-15*: «*Quien ame a Dios vivirá feliz, y sus hijos heredarán la tierra. El Señor reserva su amistad para los que le tienen un temor reverente. Es a ellos a los que les enseña el significado de su pacto. Yo siempre busco la ayuda del Señor porque sé que él siempre me salva del peligro*», practicando la limosna (*cf. Pro. 3, 30*: «*El agua apaga el fuego que arde, y el dar limosnas consigue el perdón de los pecados*», bendiciendo siempre a Dios y proclamando sus grandezas (*cf. Sal 103, 1: Bendice alma mía al Señor y todo mi ser a su santo nombre). Vemos como en cada frase del libro de Tobías resuenan todas las enseñanzas piadosas de Israel. Supone una concentración de la piedad judía maravillosa.*

3.   Cercana ya su muerte, llamó a su hijo Tobías y le recomendó: «Hijo mío, toma tus hijos 4. y vete a Media, porque yo creo en la profecía que pronunció Dios por Nahúm sobre Nínive. Todo cuanto los profetas de Israel, enviados por Dios, anunciaron sobre Asur y Nínive, todo vendrá y se realizará. Todo tendrá cumplimiento. No se rebajará ni una sola de sus palabras. Todo llegará a su tiempo. Habrá más seguridad en Media que en Asiria y Babilonia, porque sé y creo que cuanto ha dicho Dios se cumplirá, sucederá y no fallará ni una de sus palabras. «Todos nuestros hermanos que habitan en la tierra de Israel serán numerados y deportados de aquella tierra venturosa. Todo el país de Israel quedará desierto. Un desierto serán Jerusalén y Samaría. La Casa de Dios quedará desolada y quemada durante algún tiempo.

Este «*cercana ya su muerte*» tiene mucha importancia porque, no sólo en Israel, sino en la Antigüedad en general, se creía que el que está en trance de partir a la próxima vida ve las cosas con mucha mayor claridad, e incluso puede gozar del don de la profecía:

así Jacob en el testamento a sus doce hijos (*cf. Gn 49*) incluso en el apócrifo *Testamento de los 12 patriarcas*[142]. Es un momento especialmente solemne en el que lo que se dice va a cumplirse, casi como si fuera un oráculo. En una tradición que venera tanto la ancianidad, como la israelita de la Biblia, lo que viene entonces es siempre de máxima importancia y palabras para atesorar.

En el caso de la profecía de Nahúm sobre la destrucción de la muy odiada (con razón) Asiria, parece ser que los eruditos están de acuerdo en fecharla, como su libro, entre el 663 y el 612 a.C. e incluso entre el 640 y el 612. Contra Nínive ya había profetizado mucho tiempo antes (unos 150 años) el profeta Jonás, pero la conversión de los ninivitas había salvado a la «gran ciudad» de su destrucción. Parece ser que los asirios han seguido con sus bárbaras prácticas de esclavizar y maltratar a todo el mundo al alcance de su mano, y ahora Dios va a hacer su juicio efectivo. Es verdad que el libro de Nahum es un libro controvertido, con una imagen de Dios no sólo muy antropomórfica sino con ciertas similitudes con Baal, y tremendamente colérico, aunque ciertamente el mal de Asiria había colmado todas las copas[143]. De todos modos, hay momentos mesiánicos en el mismo libro (*Cf. 1, 12-13; o 2,1*, que parece un gran poema compuesto por oráculos de imprecación contra Nínive). Tobit, como buen israelita, está seguro de que el oráculo de Dios, por medio de su profeta, habrá de cumplirse. Media, en la tierra que luego será el imperio persa y que ayudó a caer a Asiria en alianza con los babilonios, será una tierra a la que no llegará la cólera del Señor.

Después de esto vienen oráculos sobre Israel, pero el tiempo de la profecía es diferente, ya que Asiria cayó en el 609 a.C. en la batalla de Harrán y los babilonios victoriosos no empezaron a atacar a Israel hasta el año 597 a.C. procurando su caída en el 587 a.C. (o 586). La preocupación por Samaría podría indicar ciertamente un origen norteño para el núcleo de este libro, ya que difícilmente un judaíta se preocuparía por el destino de la ciudad apóstata por antonomasia.

El hecho de unir a Jerusalén y Samaría significaría que aún no se ha producido ni la división del país en tres mitades (Judea, Samaría y Galilea) ni el cisma samaritano (aunque sobre esto hay controversia pues los mismos samaritanos retrotraen su separación del resto de Israel al siglo VIII a.C. incluso al IX, aunque parece que los estudios genéticos confirman que al menos una parte de la población samaritana actual sí que provendría de Irak, donde se asentaba la Asiria antigua, si esto fuese así, la visión dominante de Israel sobre que hubo un traslado de población durante el tiempo del imperio Asirio a Samaría se vería corroborada, aunque otros linajes samaritanos parecen no tener esta ascendencia asiria-iraquí.

---

[142] Testamento de los 12 patriarcas en *Apócrifos del Antiguo Testamento Vol. IX*. Alejandro Díez-Macho ed. Ediciones Cristiandad, Madrid.

[143] Incluso hoy en día se conservan relieves de aquella civilización mostrando el salvaje trato reservado a esclavos, enemigos y vencidos, como mutilaciones, decapitaciones, empalamientos, deportaciones masivas, etc.

La descripción que hace la Biblia en los libros de *Jeremías, Lamentaciones* y *Baruc* sobre la destrucción de Israel es realmente tremenda, llena de patetismo, y recoge estos consejos y lamentos de Tobías.

Esta vida establecida en el Imperio asirio, la retirada a Media y la vuelta a Mesopotamia después (con su asiento mayoritario en Babilonia) nos hace ser más conscientes de la importancia que para el judaísmo y sus comunidades tuvieron el Irak antiguo e incluso el Irán, porque la mayoría de los historiadores del judaísmo se centran en lo que pasó en Tierra Santa, Egipto y Siria, desatendiendo la enorme importancia de la Mesopotamia: recordemos que será allí donde se componga el inmenso *Talmud de Babilonia*, que durante siglos marcará el judaísmo rabínico seguido en toda Europa y el Mediterráneo, junto con y por encima de, el de Jerusalén.debido al gran tamaño, vitalidad e influencia de los judíos de aquella zona del mundo.

5. *Pero Dios tendrá una vez más compasión de ellos y los volverá a la tierra de Israel; construirán de nuevo la Casa, aunque no como la primera, hasta que se cumplan los tiempos; entonces volverán todos del destierro, edificarán una Jerusalén maravillosa y construirán en ella la Casa de Dios, como lo anunciaron los profetas de Israel.*

La profecía de Tobit sigue avanzando, hablando de la vuelta del exilio babilónico y la construcción del segundo templo, pero luego pasa a otro futuro indeterminado en el que todos los judíos volverán del destierro, construirán una Jerusalén maravillosa, y en ella un tercer templo para Dios. Es posible que estas ideas escatológicas pasaran a ser parte del contenido común de expectativas de Israel, que el propio rey Herodes se preocupó de cumplir construyendo el templo más magnífico que pudo hasta convertirlo en el mayor del mundo Mediterráneo e irreconocible para los que hubieran visto el anterior[144]. Pero no puede considerarse el tercer templo porque no se había destruido el segundo, por tanto, el tercer templo, el escatológico, está todavía por construir[145]. Los autores que quieren datar este libro en fechas tardías aducen que, el tamaño menor que se prevé para el nuevo templo que los emigrados construyan en Jerusalén, no es una profecía sino una constatación de que el escritor lo conocía y sabía de su pequeño tamaño (*cf.*

---

[144] Véase: Adolfo D. Roitman, *Del tabernáculo al templo*. Ed. Verbo Divino. 2016 y J. Jeremías, *Jerusalén en tiempos de Jesús*. Ed. Cristiandad, 2017.

[145] Salvo que seamos cristianos: «*Destruir este templo y yo lo levantaré en tres días*», Jn 2, 19.«*Nuestros padres adoraron en este monte, y vosotros decís que en Jerusalén es el lugar donde se debe adorar. Jesús le dijo: Mujer, créeme, que la hora viene cuando ni en este monte ni en Jerusalén adoraréis al Padre. Vosotros adoráis lo que no sabéis; nosotros adoramos lo que sabemos; porque la salvación viene de los judíos. Mas la hora viene, y ahora es, cuando los verdaderos adoradores adorarán al Padre en espíritu y en verdad; porque también el Padre busca que tales adoradores le adoren* (los que adoran en Espíritu y verdad, el paréntesis es nuestro). *Dios es Espíritu; y los que le adoran, en espíritu y en verdad es necesario que le adoren. Le dijo la mujer: Sé que ha de venir el Mesías, llamado el Cristo; cuando él venga nos aclarará todas las cosas. Jesús le dijo: Yo soy, el que habla contigo*». Jn 4, 20-26.

Esd. 3, 12). Aunque admitamos este punto, teniendo en cuenta que el segundo templo en su versión preherodiana se terminó de construir aproximadamente hacia el año 516 a.C. según la Biblia, seguiríamos estando dentro de la horquilla que mantenemos como la más probable para este libro, el siglo v a.C. probablemente, en el imperio persa (¿Media?)

6.   T*odas las naciones del universo se volverán a Dios en verdad y le temerán; abandonarán los ídolos que los extraviaron en la mentira de sus errores 7. y bendecirán al Dios de los siglos en justicia. Todos los israelitas salvados aquellos días se acordarán de Dios en verdad, se reunirán e irán a Jerusalén y les será dada la tierra de Abraham, que ellos habitarán por siempre y en seguridad. Y los que aman a Dios en verdad se alegrarán. Pero los que cometen pecados e injusticias desaparecerán de toda la tierra*[146].

Finalmente, una vez que Dios haya devuelto a todos los judíos a su tierra original, y que se haya construido la Jerusalén maravillosa (aquella que el Apocalipsis hace bajar del cielo como obra de Dios) todos los hombres se volverán al Dios verdadero de Israel (en verdad) y abandonarán sus falsas religiones y bendecirán (como está haciendo ahora Tobit) a Dios en justicia (que en hebreo es la misma palabra que santidad y el principal atributo de Dios, *Qadosh*). Todos los que aman a Dios serán felices, mientras que los malvados desaparecerán de la tierra. Estas visiones e ideas, bien interpretadas a través de la conversión, van a marcar en gran medida las esperanzas de Israel y del propio Cristianismo. Indudablemente los protestantes, con Lutero a la cabeza, no pueden aceptar este libro como canónico, ya que enseña tan claramente no sólo la importancia de las buenas obras, sino que la salvación o la condenación dependen de ellas. (*«Los que comenten pecados e injusticias desaparecerán de toda la tierra*[147]*»*). Tal vez se podría interpretar esta referencia como que finalmente habrá un mundo sin maldad. Estamos, por tanto, delante de un paso claro en las expectativas escatológicas de Israel que supone una clave de lectura inexcusable para el Apocalipsis. Si estas esperanzas implican la destrucción de los malvados o sólo del mal, del pecado, y por lo tanto una purificación de los pecadores, es un tema teológico de primer nivel y que tiene mucho que ver con la obra de Redención de Cristo, y todo ello, *in nuce*, aparece ya aquí, dándonos pistas de como avanzaba la religión judía[148].

---

[146]   Nótese el amar a Dios en verdad, volverse a Dios en verdad, acordarse de Dios en verdad, que Cristo dice que se hace en su tiempo por la llegada del Mesías (en respuesta a la afirmación de la samaritana) que es él (adorarán en Espíritu y en verdad).

[147]   Esto está muy lejos del *«pecca fortiter sed crede fortius»* de Lutero a Melanchton.

[148]   Si bien esto ya se podía ver en la promesa que Dios le hace a Abrahán en el cap. 12 del *Génesis* cuando le dice que en él serán benditas todas las naciones de la tierra. (*Gn 12, 3*). La llamada de Dios a Abrahán para que salga de su casa y de su tierra ¿es una cuestión topográfica? La tierra que Dios le promete a Abrahán, aquella tierra que mana leche y miel, ¿es una cuestión económica? Permítanos la broma, ¿es que a promociones inmobiliarias Yahveh no le gustaban las vistas de Ur sobre el Éufrates y prefería las vistas de Jerusalén sobre el Jordán? Claro que no, se trata de una tierra en que todas las naciones puedan ser libres del mal, benditas en la fe que Dios está forjando con

8.   *«Ahora, pues, hijos, yo os recomiendo que sirváis a Dios en verdad y hagáis lo que es agradable en su presencia. Mandad a vuestros hijos que practiquen la justicia y la limosna, que se acuerden de Dios y bendigan su Nombre en todo tiempo, en verdad y con todas sus fuerzas.*

Hermosísimos consejos que recoge incluso el islam, con su hincapié en la limosna y la obligación, mal entendida por su recurso a violencia, de prohibir lo malo y mandar lo bueno. (*Corán, sura 3, aleya 110*: *sois la mejor nación que haya surgido de la humanidad: Ordenáis el bien, prohibís el mal y creéis en Allah.*»). Igualmente, todo el libro de los *Proverbios* tiene la misma temática. En ese sentido se puede decir que el libro de Tobías es un libro sapiencial o de proverbios. (*Cf. Prov. 4, 1*): *Escuchad, hijos, la instrucción paterna (...) no vayas por la senda de los malvados, ni sigas el camino de los perversos, etc. Prov. 8, 13: temer al Señor es odiar el mal, detesto la arrogancia y el orgullo, la mala conducta y la mentira. Prov. 11, 4: de nada servirá la riqueza el día de la ira, pero la justicia librará de la muerte*[149].

9.   *«Tú, hijo, sal de Nínive. No te quedes aquí. 10.   El día que sepultes a tu madre junto a mí, ya ese mismo día, no te quedes en este territorio, porque he visto que se cometen aquí muchas injusticias y muchos engaños, sin rebozo. Mira, hijo lo que hizo Nadab con Ajikar, que le había criado. ¿No le hizo bajar vivo a la tierra? Pero Dios le cubrió de infamia ante su misma víctima. Sacó a Ajikar a la luz y metió a Nadab en las tinieblas eternas, por haber tramado la muerte de Ajikar. Por haber practicado la limosna se libró Ajikar de la trampa mortal que le había tendido Nadab. Fue Nadab quien cayó en la trampa de muerte para su perdición.*

Este *Ajikar*, que nos había salido al comienzo del libro es uno de los argumentos más importantes para tratar de entender toda la historia de Tobit como una narración sapiencial-ejemplarizante y no como una historia real. Y esto porque conocemos mucho a este personaje de la literatura antigua del próximo oriente, como dijimos.

Abrahán, en su pacto y revelación. La tierra física puede ser una herramienta temporal para huir de una desgracia o poder forjar una nación, pero a largo plazo, como están hechas todas las promesas mesiánicas, se trata de una tierra regenerada, santa, donde pueda empezar a hacerse realidad la gran promesa de Dios, el reino de Dios. Por eso lo sagrado no es el árbol éste o la colina aquella (eso sería casi fetichismo y, desde luego, paganismo) sino las relaciones humanas entre nosotros y con la Divinidad que se van a tejer allí, modelo de todas las que deben de ser en el mundo. Una tierra de adoración al Dios vivo y de amor al prójimo, pues en eso consiste toda la Ley y los Profetas (*cf. Mt 22, 40*). A pesar de lo que está de moda en la teología actual, las advertencias a la condenación definitiva de los malvados (no de los que pecan, sino de los que no se arrepienten) son permanentes en toda la Biblia, en Antiguo y el Nuevo Testamento, y aquí también aparecen.

[149]   Confróntese con *Surah Al-Shu'ara* (Los Poetas) 26, 88-89: *«El día (se refiere al día del juicio) en que ni la riqueza ni los hijos serán de utilidad, salvo quien venga a Al-lah con un corazón puro.»* Los paréntesis son nuestros. Incluimos estas referencias coránicas aquí para que comprobemos hasta qué punto el islam es un movimiento judaico o judiomesiánico.

Entre las ruinas de la ciudad egipcia de Elefantina se han encontrado papiros arameos con su historia. Elefantina estuvo ocupada por una colonia judía al mismo tiempo que por una guarnición asiria. No es casualidad, por tanto, que esta historia se haya encontrado en arameo[150]. La narración de Ajikar contiene muchos proverbios que son extraordinariamente similares a los que encontramos en otros libros de tipo sapiencial de la Biblia: *El libro de los Proverbios, Sirácida*, etc. Igualmente son muy semejantes a proverbios persas, egipcios, babilónicos etc. Configurando así lo que se ha dado en llamar la sabiduría internacional del Próximo Oriente antiguo, en el que destacan otras figuras como la del egipcio Sinuhé[151]. En textos originales de la época de los reyes asirios Senaquerib (705-681) y Asarhaddón (681-669) se cita a una persona con este mismo nombre que podría ciertamente haber inspirado al personaje, pero no es seguro. Posteriormente, su historia fue tan aceptada que se han encontrado versiones de la misma en las literaturas rumana, eslava, armenia, árabe y siria. Igualmente, tenemos versiones en el egipcio tardío (demótico). En cualquier caso, la enseñanza es clara, la maldad no tocará a los justos, que en este contexto se entiende como el que hace limosnas y no perpetra maldades, obras necesarias para la salvación en el judaísmo, el cristianismo y el islam.

11.   *Ved, pues, hijos, a dónde lleva la limosna y a dónde la injusticia: a la muerte. Pero me falta el aliento.» Le tendieron en el lecho y expiró, y se le dio honrosa sepultura.*

En realidad, la limosna no es sólo un acto de caridad o de justicia, sino de reposición de una situación no querida por Dios y consecuencia del pecado, como vimos.

12.   *Cuando murió su madre, Tobías la sepultó al lado de su padre, y se marchó con su mujer y sus hijos a Media, quedándose a vivir en Ecbátana, junto a su suegro Ragüel. 13.Los rodeó de atenciones en su ancianidad y los sepultó en Ecbátana de Media, heredando él la casa de Ragüel y la de Tobit, su padre.*

Después de haber dado un ejemplo de piedad con su padre, Tobías da un ejemplo de piedad con sus suegros, a los que también acompaña hasta sus últimos días y da honorable sepultura.

---

[150]   Puede leerse en https://archive.org/details/textbookofaramai0003unse/mode/2up
[151]   Aquí la versión en español: Cuento de Sinuhe (egiptomania.com) Para más textos sapienciales egipcios, muchos afines con Israel y todo el próximo oriente, consúltese: https://egiptologia.com/wp-content/uploads/2020/10/Literatura-sapiencial-Enseñanzas-Ptahhotep.pdf Quien quiera informarse más detalladamente sobre los libros sapienciales en Israel puede consultar: *Sabiduría y sabios en Israel*. José Vílchez Líndez, Ed. Verbo Divino, 1995. La historia de los dos hermanos o la historia de Unamón, se suelen considerar también precedentes de textos bíblicos de influencia en las historias sapienciales.

14. *Murió, honrado, a la edad de 117 años.*

A su vez el propio Tobías morirá en paz y honrado a una edad portentosa. Seguramente esta edad extraordinariamente longeva esté adornada, pero eso no impide que Tobías haya tenido una vida larga, honrada, piadosa y próspera como es el ideal de este libro. Por otro lado, ya vimos la importancia de la longevidad como prueba de una vida pía cumpliendo la ley de Dios y siguiendo en todo sus caminos[152].

15. *Antes de morir presenció y oyó la ruina de Nínive y vio cómo los ninivitas eran llevados cautivos a Media, cuando la deportación de Ciajares, rey de Media. Y bendijo a Dios por todo cuanto había hecho a los ninivitas y asirios. Antes de morir pudo alegrarse por la suerte de Nínive y bendijo al Señor Dios por los siglos de los siglos. Amén.*

La grafía más común para el rey medo que deportó a los ninivitas es, en castellano, Ciáxares (años de reinado 625–585 a. C.) al que conocemos relativamente bien por la historia, tanto por Heródoto como por la inscripción de Beshistún, como por la crónica de la caída de Nínive. Aliado con el babilonio Nabopolasar destruyeron el Imperio asirio. Sus andanzas no quedaron ahí, sino que pasa por ser el organizador militar del poderío medo, e incluso pretendió conquistar el rico reino Lidio, guerra que finalizó con un armisticio tras la famosa batalla del eclipse predicho por Tales de Mileto. Posteriormente, su familia y su reino se mezclaría con el de los persas hasta el punto de que el reino medo luego se conocería como medopersa y finalmente, desde Ciro, como Persia, una vez que éste venció a Astiages.

---

[152] De hecho, el patriarca Jacob, que había tenido una vida tan complicada en lo familiar, lo económico y lo moral, le dice al faraón: ... «*pocos y malos han sido los años de mi vida, y no han alcanzado a los años que mis padres vivieron en los días de su peregrinación*». (*Gn 47, 9*). En esta concepción, tan típica del mundo antiguo, en la que los hombres iban decayendo cada edad en poder, estatura, longevidad y salud.

CONCLUSIONES

SE SUELE DECIR QUE LA OBRA ESTÁ DIVIDIDA EN TRES PARTES: la primera en la que se nos presenta a Tobit, a Sara, y sus desgracias; la segunda, el viaje de Tobías y el ángel Rafael a Media, y la tercera, la resolución del conflicto planteado. En ese sentido la obra se atendría a la fórmula canónica de los 3 actos, que como sabemos la definió Aristóteles en su *Poética*[153]. Nuestro libro los usaría según la intención propia de los mismos, a saber: Un primer acto para presentar los personajes, la situación inicial y el conflicto *in nuce*, un segundo acto en el que se desarrolla la trama, enfrentándonos a las dificultades y las crisis, y un tercer acto de resolución de los mismos y conclusión de la obra. Esto no obliga a pensar en una datación tardía en la que el autor conociera la obra del filósofo de Estagira y compusiese su relato de acuerdo con ésta, sino que el propio Aristóteles parece pensar que es la manera lógica de organizar un relato y, por tanto, la propia del ser humano racional. Es decir, probablemente haya una tendencia innata de los seres humanos a componer las historias de esta manera, como se ve en tantas obras no occidentales, cuyos autores nunca leyeron a Aristóteles y que están compuestas de la misma manera[154]. A fin de cuentas, la narración de un inicio-desarrollo-conclusión o planteamiento-nudo-desenlace parece ser una estructura básica de la comprensión humana.

Pero más allá de las consideraciones literarias, y a nuestro juicio, el libro tiene pasajes de una enorme belleza, este libro es el gran libro de la bendición. Todo él es una llamada continua a bendecir al Señor, a alabarle por sus grandes obras, a agradecerle todo lo que hace por nosotros y a cómo su providencia cuida de Israel. A pesar de todas las adversidades, de todos los sinsabores de la vida, de la enfermedad, de la maldición de un demonio, de la muerte, de la pobreza, de la injusticia, etc. Dios es bueno y es eterna su misericordia (*cf. Sal 136*). Este es un libro en el que el amor de Israel por su Dios resuena en cada línea, en cada página y en cada capítulo como respuesta al amor de Dios por Israel.

Del mismo modo este libro no es «sólo» un libro sapiencial, género aparentemente menor, que no pertenece a los dos que más interesan a la escriturística actual: el histórico

---

[153] Aristóteles, *Poética*. Gredos, 2020.
[154] Un ejemplo, entre miles, *Los 47 ronin, historia de los leales samuráis de Akó*. Miraguano, 1998.

y el profético. Pues bien, en nuestras líneas hemos podido mostrar cómo, lejos de esta consideración, el texto está lleno de oráculos sobre el futuro de Israel, sobre la acción salvífica de Dios que repondrá a su pueblo y sobre la esperanza mesiánica. Bajo lo que parece una simple historia edificante, llena de máximas sapienciales, lo que nos encontramos es un vigoroso paso adelante hacia la concreción de las expectativas judías sobre el regreso de los deportados a Israel, la construcción de un segundo y un tercer templo, la obra del elegido de Dios (el Mesías), que realizará los designios del Altísimo, la formación de una nueva comunidad de gentiles y judíos en la que se realizarán las más maravillosas esperanzas escatológicas[155], etc. Este libro es un libro profético en toda regla, basado probablemente en una historia con un origen real, revestido de un piadoso armazón sapiencial, retocado literariamente, pero abierto a la acción escatológica de Dios con oráculos que no habría que menospreciar para entender la obra del Mesías.

Igualmente, las referencias cruzadas a otros textos e ideas del A. Testamento, como hemos querido mostrar, brevemente, a través de las numerosas llamadas a confrontar el texto leído con otros textos bíblicos, son numerosísimas, y nos hablan de un texto construido en una total armonía con el resto de la religión de Israel.

Finalmente, su influencia en el texto del Nuevo Testamento, no directa, no palabra por palabra, no con una cita textual, sino con su ethos, sus expresiones, y sus profecías, hace su estudio inexcusable para quien quiera comprender mejor los Evangelios o el Apocalipsis.

Mientras tanto, disfrutemos de la lectura de este hermoso libro de Tobías.

---

[155] Es decir, que en el propio Israel ya existían los materiales teológicos, los textos, para comprender como la futura comunidad escatológica del mesías no iba a ser solo judía, sino universal, mezcla de judíos y gentiles.

BIBLIOGRAFÍA

Biblias y comentarios bíblicos

Biblia Sacra Iuxta Vulgatam Versionem. Ed. Deutsche Bibelgesellschaft. 1990

La Biblia comentada por los padres de la Iglesia. XXX vols. Ciudad Nueva. 2011 en adelante.

La Septuaginta. Natalio Fernández Marcos (dir.) Sígueme, 2022.

Biblia de Navarra. EUNSA. 2012.

Biblia de Jerusalén. Desclee de Brower. 2017

La Santa Biblia. Editorial san Pablo. 2013.

Sagrada Biblia. Conferencia Episcopal española. 2010.

La Biblia. La casa de la Biblia. 1992.

Biblia de nuestro pueblo. Mensajero, 2009

Biblia del Peregrino. Edición de estudio. 2 vols. Verbo Divino. 1997.

La Biblia. NVI. (Biblia evangélica). Vida. Revisión 2022. Ebook.

RAYMOND E. BROWN, SS. / JOSEPH A. FITZMYER, SJ. / ROLAND E. MURPHY, O. CARM. (dir.) *Comentario Bíblico san Jerónimo*. 5 vols., Ediciones Cristiandad, 1971.

RAYMOND E. BROWN, SS. / JOSEPH A. FITZMYER, SJ. / ROLAND E. MURPHY, O.CARM. (dir.): *Nuevo Comentario Bíblico san Jerónimo*. 2 vols. Ed. Verbo Divino. 2004.

Otros textos religiosos

ANÓNIMO. *El poema de Gilgamesh*. Cátedra. 2015.

El noble Corán. Darussalam.

Noble Corán Versión de Julio Cortés. Ed. Herder, 2000.

Textos de magia en papiros griegos. Gredos, 2004.

La Misná. Edición de Carlos del Valle. Sígueme, 2011.

Catecismo de la Iglesia católica (CIC). Ppc, 2005.

General

Constitución dogmática del Concilio Vaticano I, *Deus Filius*.

Enchiridion bíblico: Documentos de la Iglesia sobre la Sagrada Escritura. B.A.C. 2010.

ARTOLA, A. M. y J. M. SÁNCHEZ CARO: *Biblia y Palabra de Dios*. Verbo Divino, 1989.

BENGTSON, H.: *Griegos y persas. El mundo mediterráneo en la edad antigua I*. Siglo XXI, 1989.

BOTTÉRO, J., CASIN, E., y VERCOUTTER, J.: *Los imperios del Antiguo Oriente III. La primera mitad del primer milenio*. Siglo XXI, 1990.

CALVINO, J.: *Institución de la Religión Cristiana*. II vols. Visor libros, 2003.

DE AQUINO, Th.: *Summa contra los Gentiles.* Libro III, capítulos 69-70. https://tomas-deaquino.org/capitulo-lxxvii-la-ejecucion-de-la-divina-providencia-se-realiza-mediante-las-causas-segundas/

DE BEVEAUVOIR, S.: *El segundo sexo,* Cátedra.

DE CESAREA, E.: *Preparatio Evangelica.* II vols. BAC. 2011.

DE LYON, I.: *Contra las herejías.* II vols. Ciudad Nueva, 2022.

DE SANTOS OTERO, A.: *Los evangelios apócrifos.* B.A.C., 2009.

DE VAUX, Roland: *Instituciones del antiguo testamento.* Herder, 2012.

DE VRIES, J.: *La revolución industriosa.* Crítica, 2009.

DÍEZ MACHO, A.: *Apócrifos del Antiguo Testamento.* VI vols. Ed. Cristiandad.

ELIADE, M.: *Historia de las ideas y las creencias religiosas.* IV vols. Paidós, 2019.

ESCOLAR SOBRINO, H. *La Biblioteca de Alejandría.* Ed. Gredos, Madrid, 2003.

FINKELSTEIN y A. SILBERMAN: *La Biblia desenterrada,* ed. Siglo XXI, 2003.

GALLEZ, É.-M.: *Le messie et son prophète: Aux origines de l'Islam,* 2 vols. Éditions de París. 2006.

GÓMEZ, E.: *Pablo de Tarso el segundo hijo de Dios.* Ed. Oberon, 2006.

GONZÁLEZ ECHEGARAY J., VARO PINEDA, F., CARBAJOSA PÉREZ, I.: *La Biblia en su entorno.* Ed. Verbo Divino. 2018.

GRAVES, R.: *La diosa blanca.* Alianza editorial. Madrid. 2014

GUNKEL, H.: *Introducción a los salmos.* Edicep, 1983 (primera edición en alemán, 1926).

HAN, Scott. *Comprender las escrituras.* The didaché series. 2010.

HERODOTO: *Historia.* Catedra, 2006.

HOMERO: *Ilíada.* Gredos, 2019.

JOSEFO, F.: *Autobiografía. Contra Apión.* Gredos, 1994.

— *Antigüedades judías.* II vols. Akal, 2024

JOHNSON, P.: *Historia de los judíos.* Debolsillo, 2010.

LEÓN-DUFOUR, X.: *Vocabulario de teología bíblica.* Herder. 2001.

LEVI-STRAUSS, CL.: *Las estructuras elementales del parentesco.* Paidós, Barcelona, 1981.

LIVERANI, M.: *Asiria, la prehistoria del imperialismo.* Ed. Trotta, 2022.

— *El Oriente antiguo.* Ed. Crítica, 2012.

LÓPEZ CAMBRONERO, M. y MERINO, F.: *Mayo del 68: cuéntame cómo te ha ido.* Encuentro, 2018.

LÓPEZ BARJA DE QUIROGA, P.: «Las leyes augusteas sobre manumisión», en: La fin du statut servile? Affranchissement, libération, abolition. Volume I. Besançon 15-17 décembre 2005. Besançon: Presses Universitaires de Franche-Comté, 2008. pp. 219-227. (Actes des colloques du Groupe de recherche sur l'esclavage dans l'antiquité, 30-1);

MARÍN, H.: *Teoría de la cordura, 2010. Pre-textos. La invención de lo humano.* Encuentro. 2007. *Mundus.* Nuevo Inicio, Granda, 2019.

MITRE, E.: *Las grandes herejías de la Europa cristiana.* Itsmo, 1995.

PATAI, R. y GRAVES, R.: *Los mitos hebreos.* Alianza editorial. 2022.

PATEMAN, C.: *El contrato sexual.* Ed. Virus.

PEREIRA DELGADO, A.: *El libro de Tobías como manual de acompañamiento espiritual.* Cuaderno isidorianum 11 (2020). 41-54

PERISTIANY, J. G. [ED.]: *El concepto del honor en la sociedad mediterránea.* Colección nueva labor. 1968.

RADCLIFFE-BROWN, A. R.: *Estructura y función de la sociedad primitiva (1986)*

— *Social Organization of Australian Tribes* (1931).

RATZINGER, J. y MESSORI, V.: *Informe sobre la fe.* B.A.C. 2015.

ROITMAN, A.: *Del tabernáculo al templo, el espacio sagrado en el judaísmo.* Verbo Divino, 2016.

ROSTOVZEFF, M.: *Historia social y económica del Imperio Romano,* II vols. Espasa, 1998.

SCHOLEM, G.: *Los orígenes de la Cábala,* II vols. Paidós, 2001.

SCHOLEM, G.: *La cábala y su simbolismo.* Siglo XXI, 2009.

SHUNSUI, T.: *Los 47 Ronin, historia de los leales samuráis de Ako,* de Satori, 2014

SICRE, J.L.: *De David al Mesías, textos básicos de la esperanza mesiánica.* Verbo divino, 1995.

TEJA, R.: *Paganismo y cristianismo en la Roma de Juliano.* Desperta Ferro. 2015.

TUSELL, J. y BENIMELLI, F.: *Los judíos en la historia de España.* Ed. Calatayud, 2003.

VILCHEZ, J.: *Tobías y Judith.* Verbo Divino, 2000.

VON RAD, G.: *Teología del Antiguo Testamento.* II vols. Sígueme. 2009.

Webgrafía

https://www.mercaba.org/SANLUIS/CUADERNOS_BIBLICOS/101%20El%20libro%20de%20Tobit%20(DANIEL%20DORE).pdf

Libro etiópico de Enoch: https://ia600402.us.archive.org/28/items/el-libro-de-enoc-1-apocrifo-etiope1-3-pdf-free/el-libro-de-enoc-1-apocrifo-etiope1-3-pdf-free.pdf

Máximas de Ptahotep. http://www.egiptomania.com/literatura/ptahhotep.htm

http://www.maat.sofiatopia.org/amen_em_apt.htm

https://nihilobstat.dominicos.org/articulos/los-cuatro-sentidos-de-la-escritura/#:~:text=Finalmente%2C%20el%20sentido%20anagógico%3A%20se,total%20de%20todas%20sus%20aspiraciones.

https://archive.org/details/Leningrad_Codex Códice de Leningrado

https://archive.org/details/codexvaticanusno0000unse Códex vaticanus

Héxapla institute:
https://textandcanon.org/es/estudios/hexapla-institute/

Divino Afflante Spiritu:
https://www.vatican.va/content/pius-xii/es/encyclicals/documents/hf_p-xii_enc_30091943_divino-afflante-spiritu.html

Representación de Cristo:
https://tochoocho.blogspot.com/2013/12/la-primera-iconografia-de-cristo-ss-iii.html

https://www.um.es/cepoat/cuneiforme/elamita/archivosreales/dario1/dario_i.html

Sobre los crímenes de honor en el islam:
https://www.amnesty.org/es/latest/news/2023/11/pakistan-authorities-must-intensify-pressure-to-end-impunity of tribal-councils-as-honour-killings-continue-unabated/

LUTERO, M:

Prefacio a la epístola a los romanos (1522) https://elevangelistamexicano.org/wp-content/uploads/2017/01/prefacio-a-los-romanos-m-lutero.pdf

Disputa de Heildelberg (1518) https://www.escriturayverdad.cl/wp-content/uploads/ObrasdeMartinLutero/15171520/1518LaDisputaciondeHeidelberg.pdf ,

Comentario a la epístola a los Gálatas (1535) https://sanadoctrina.org/comentarioagalatas.pdf

Artículo 4 de la confesión de Augsburgo (1530) (https://iglesialuterana.cl/doctrina-luterana/libro-de-concordia/confesion-de-augsburgo-i-xxi/#:~:text=Como%20Pablo%20dice%20a%20los,fe%2C%20un%20solo%20bautismo»